AF314555

Il est clair que ce Voiage de Hollande est ce que l'on appelle un ouvrage de Société, c'est a dire qui est vanté dans un petit cercle et qui y meurt; On n'a epargné a celuicy rien de ce qui forme une belle edition, et le modeste portrait de l'auteur, est a la teste sans nom;

C'est un fermier general* qui se promene en Flandre et en Hollande: et qui appelle cela un Voiage. ce n'est que ce qu'horace a si bien representé dans l'Epitre a Bullatius Strenua nos exercet inertia, Navibus atque quadrigis petimus bene vivere ce que quelqu'un a traduit ainsi
Une active paresse en cent lieux nous entraine:
en poste, en paquebot un anglois se promene.

Ce financier paroit cependant avoir eu quelque negociation a traiter pour les Tabac d'Hollande (negociation pour la ferme), auprès des M[essieu]rs de Hollande. Son ouvrage n'est d'aucune utilité ni literaire, ni politique, ni pour les Arts, ni pour le commerce. il defigure jusqu'aux noms des endroits celebres, Sardam, Schevelingue, qu'il appelle Stheveling es Serdam — cependant ce qu'il dit est en general de bon sens, et on ne peut lui reprocher qu'une affectation de bon ton, [et de raillerie delicate;] certains traits qui visent au libertinage mem[e] a l'impieté, de plus de petits airs de Sultan, mais il se connoit en bonne chère, en belles femmes, meme un peu atout, et il me paroit doux et poli. Voila tout ce qu'il falloit alors a un fermier general pour estre un homme demandé, un homme de Merite, et pour se faire imprimer incognito comme celuicy.

On ne peut s'empecher de rire de sa rencontre avec le Voiageur la Motraye. il est impossible de donner mieux a entendre de soi qu'on n'a été qu'un fat. il tolere ce pauvre la Motraye avec la plus insolente bonté; et (Voyes comme il a le tout fin et assuré) au bout de deux heures de conversation il est assuré que la Motraye n'a pas ecrit son livre, mais qu'il a fait mettre ses idées en Style &c.
Voila ce qu'etoient alors les financiers; vraiment dignes de l'application du vers de Juvenal fratreculi gigantum.

il faut finir cette Note un peu severe, par avouer que plusieurs endroits sont ecrits avec une grace piquante, et que le morceau sur le commerce les impots et l'administration de la Hollande jointe a la rapidité, le merite de quelque profondeur: il est a la page 100. Si l'auteur se fut imposé d'ecrire le reste avec plus de saveur et de meditation, la Nature lui avoit donné les moyens de faire un bon ouvrage. il aura mieux aimé amuser sa Société. O que ce qu'on appelle en france la Société, a nui a la Société generale des hommes en faisant avorter de tres bons esprits.

JOURNAL

DU VOYAGE

DE HOLLANDE.

A PARIS,

De l'Imprimerie de Claude-François SIMON, Chevalier
de l'Ordre de Christ, de l'Académie des Arcades de
Rome, Imprimeur de la Reine & de l'Archevêché.

1730.

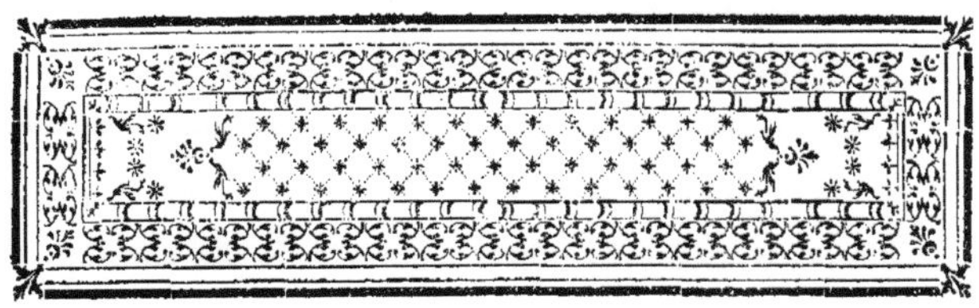

JOURNAL
DU VOYAGE
DE HOLLANDE.

E Mercredi au foir, 27 Juin 1731, je foupai dans ma Maifon avec plu-fieurs de mes Amis, dont quatre & mon frere de Sancourt, devoient faire le voyage de Hollande avec moi.

Notre deffein n'étoit pas d'arriver vîte, par le chemin le plus court ; ce Voyage pour nous étoit une Promenade, & la voici.

Le Jeudi matin, fur les onze heures, nous primes la route de Châlons.

Nous ne fumes ce jour-là qu'à Château-Thierry, mauvais début ; ville pauvre, & dont la mifere s'ex-hale de par-tout. La grande Auberge eft la Syrenne ; on y eft mal couché, mal nourri, plus mal abreuvé.

M. de Vaumorel, l'un de nous, avoit pris les devans pour nous faire préparer un fouper, comme chez Ruel ; il en fut bien honteux.

Les mauvais gîtes excitent à se lever matin. Le lendemain à cinq heures à cheval & en chaises, nous nous remimes en chemin ; toute la matinée se passa à considerer à droite & à gauche les Vignobles d'Auvilay, de Pierry, d'Ay, &c.

A l'aspect de ces sacrés Côteaux, il n'est point de bon Dîneur qui ne soit surpris d'un doux saisissement. Tout leur paroissoit propice, & sembloit lui annoncer l'abondance des Vins ; deux ou trois de mes Compagnons en louerent le Ciel hautement, & je pris bien quelque part à leur satisfaction. Après quoi nous tombâmes à Epernay, & fumes descendre à l'Ecu : on ne nous y attendoit pas ; notre arrivée fit grand bruit ; la volaille prit l'épouvante ; on en fit un carnage mémorable dans ce Cabaret. Cependant je vis arriver M. Daubigny, gendre du fameux M. de Nifé ; il exigea de nous d'aller dîner chez lui, & cela me parut à propos ; mais nos Compagnons dormoient, & rien ne put les réveiller. Nous fumes chez M. Daubigny, mon frere & moi ; c'étoit jour maigre.

Epernay que j'avois cru Ville, n'est qu'un Bourg, où il n'est pas bon d'être pris au dépourvu ; heureusement il s'y trouva du Vin de Pierry, avec lequel il faut bénir Dieu de tout.

Après avoir pris congé de notre Hôte, & de sa famille, qui est aimable, il fallut reprendre le chemin de Châlons, que la riviere de Marne accompagne, qui est fort agréable & fort bon.

Nous y fumes descendre à la Poste ; la maison est

bonne, j'en juge par les apparences, car je n'y fus que pour y coucher; dès le foir même M. Dupin, Fermier Général, m'emmena chez lui fouper, mon frere auffi; quant à mes Compagnons ils demeurerent, les uns dormans de laffitude, les autres difloqués, ne pouvant dormir ni aller.

Ce fouper étoit nombreux, M. l'Evêque de Châlons, M. le Prince de Montauban, Monfieur & Madame de Beaupré, beaucoup d'autres s'y trouverent.

Moi qui n'étois venu à Châlons que pour y voir mes Amis, j'euffe voulu ne fouper qu'avec eux; c'eft-à-dire, avec M. Dupin & fa femme; femme qu'on pourroit plus dignement nommer fon Ange, tant elle remplit toute l'idée qu'on s'en fait, par les merveilles de fa figure, & par le charme de fon efprit; tant il femble en effet que fa charge eft d'accompagner un homme que le Ciel protége, de faire fa joye & fon bonheur par-tout.

Le Dimanche, jour fuivant, point de Meffe; je ne le dis pas ici pour confeffer ma faute, ni celle de mes Compagnons; mais feulement pour obferver déja quelque différence dans les ufages. On refufe à Châlons de vous donner des Meffes à onze heures; comment aurions-nous pû prévoir cet inconvénient, nous qui arrivions de Paris, où les petits Auguftins en donnent après dîner?

Cependant le Ciel fembla nous en punir, dès le jour même, par le miniftere de deux Diables fufcités tout exprès, la Garde & Bagny, vieilles Védettes,

Camarades de mon premier métier, on les vit fondre comme un grain de mer chez M. Dupin à l'heure du souper, détruire les vins, brifer les verres, & nous entraîner nous-mêmes dans les excès d'un vin de Gaudino, où nous perdimes honteufement le fang-froid & la raifon.

Nous partimes le Lundi matin 2 Juillet; Vaumorel & Defroziers étoient déja de ces Couriers difficiles à fatisfaire quand ils ont effayé de plufieurs chevaux de pofte : ceux de Châlons leur parurent fufpects; ils imaginerent l'expédient de courir en Brouette, parce qu'il femble en effet qu'on fe délaffe à fe fatiguer différemment. Sur le foir ils convinrent de bonne foi qu'ils n'avoient fait qu'ajouter une laffitude à l'autre; & cela fe voyoit bien, par leurs attitudes inquietes, & leurs contenances forcées; ils auroient ému & touché des cœurs tendres & compatiffans; mais malheureufement il n'y avoit parmi nous que de ces cœurs durs, tels que la nature les donne, & ils eurent beau geindre, on ne les plaignit point.

Il plut prefque toute cette journée; les chemins devinrent mauvais; nous ne pûmes aller qu'à Retel, nous y logeames à la Pofte; quel logement! il eft pire qu'à Château-Thierry. Toutes les chambres étoient des cimetieres de rats morts; leurs Mânes errans nous fuffoquoient; il fallut y facrifier des lettres d'ami, des billets de commeres, faire feu & flamme de tout, & fe procurer diverfes puanteurs, pour appaifer celle-là. Nous avions plaifanté fur le mal-aife de Château-

Thierry; mais Retel nous jetta dans le férieux; &
un des nôtres, enfant de Paris, confideroit deja avec
une efpece d'épouvante, les fatigues, les incommodités, toutes les traverfes attachées à l'état de Voyageur. Je ne fçais pas même.... mais tout cela fut
oublié comme un fonge le lendemain Mardi, que nous
quittames cette Ville; Ville murée, & qui n'eft au
vrai qu'un Village long & vilain. Nous partimes matin,
n'ayant cependant que douze lieues de point de vûe;
nous fimes bien; les chevaux de pofte y font toujours
ruinés par les mauvais chemins qu'on y trouve.

Nous paffames à Mezieres, petite Ville fortifiée; de
Mezieres on n'a que quatre cens pas à faire pour entrer
à Charleville; nous y arrivames à onze heures du matin, & fumes defcendre à la Croix d'Argent, chez
un Maître d'Auberge, Gafcon très-complet, & qui
paffe d'un point les Gens de Beziers.

Cette Ville fut bâtie par un Gonzague de Mantoue;
elle eft jolie, bien percée. Il s'y trouve une Place, au
milieu eft une Fontaine; cette Place eft quarrée, elle
a des arcades, & rappelle l'idée de la Place Royale
de Paris; on en fort par les quatre coins, & par ces
quatre iffues on voit toute la Ville.

Les Fermiers Généraux y entretiennent une Manufacture de Tabac; ce font des feuilles de Virginie,
venues d'Angleterre par Saint Vallery, & des feuilles
d'Alface: J'en rendrai compte ailleurs qu'ici.

J'étois recommandé à M. du M.... par M. F....
fon oncle & fon Commettant. Il me propofa de

préférer fa Maifon à mon Auberge ; mais j'aimai mieux mon Auberge avec mes Compagnons, que fa Maifon avec lui feul.

Charleville, après ce que j'en viens de dire, n'ayant pas d'autres attraits pour nous, il en fallut partir le lendemain Mercredi 4 Juillet. La journée ne fut que de cinq lieues ; une bonne raifon, nous allions à Rocroy ; on y monte comme au Parnaffe , non pas avec des Chevaux aîlés , mais avec des Roffes, des doubles Bouriques, à peindre par Callot.

Nous entrames à Rocroy ; & au milieu d'une Place d'Armes , nous demandames où étoit la Ville, on nous répondit qu'il n'y en avoit point.

Le féjour des Villes n'eft pas ce qui me flatte, c'eft la jouiffance de mes Amis. Je me trouve bien partout où je les vois ; nous allions à Rocroy chercher M. Dupleffis qui nous y attendoit, & qui devoit faire le Voyage de Hollande avec nous.

On peut juger des maifons de Rocroy, par le tableau de la Ville ; cependant nous fumes reçus & traités à merveille, mon frere & moi, chez M. le Blanc, Receveur des Fermes du Roi, Garçon de mérite, établi à Rocroy à l'occafion de l'emploi qu'il y exerce depuis quelques années. Il a époufé une Demoifelle, petite-fille de M. de Champagne, connu par fa vigoureufe défenfe, lors du dernier fiége de Rocroy, fait par les Efpagnols , & par la Bataille de Rocroy, que la France gagna, à laquelle cette même défenfe avoit donné lieu. La Demoifelle, aujourd'hui femme de M. le Blanc, eft d'une figure fort

agréable,

agréable, d'un efprit très-doux ; elle ne mérite pas la petite mortification qu'elle a d'y voir fort peu.

Nous paffames le refte du jour à Rocroy fort gaiement. Nous y foupames de même, avec quelques Officiers de la Garnifon, camarades & amis de Dupleffis, entr'autres M. de Saint Felix & M. de Martel, qui nous a fait l'amitié de nous accompagner jufqu'à Givet.

Nous primes le lendemain la route de Givet, qui nous fit paffer par Marienbourg, non point par la Ville, qui ne vaut pas Rocroy, mais pardevant & à côté. Nos chevaux prirent haleine, & fe rafraîchirent à la Pofte : ils nous donnerent tout le loifir d'en faire autant ; mais il ne fe trouva pour nous que du Pain noir, de la Bierre trouble, & du Vin aigre ; cela parut à nos Compagnons très-déplaifant. Alors, un d'eux, homme de bon efprit, voulut nous apprendre qu'il eft des dédommagemens à tout, que les appétits humains ne font point un mal, qu'il eft aifé d'en endurer un en s'amufant à en éteindre un autre : & de fait, une fille de la maifon étoit là, & notre ami fongeoit à en faire un exemple ; mais il s'y prit par des jolis difcours, à la maniere des Villes, avec une fille des Forêts, une vraie Dryade, qu'il n'auroit dû aborder qu'à la maniere des Faunes ; elle ne l'entendit point, & cet appétit de plus lui refta.

Nous continuames de traverfer les Ardennes, comme nous avions déja fait, pour venir à Rocroy ; il fe trouve par-tout là d'affez mauvais chemins, par-tout encore des petites Croix de pierre, fur lefquelles on

inftruit les Voyageurs d'une infinité de vols & d'af-
faffinats ; c'eft-là qu'on apprend, comme ailleurs, le
peu de différence qu'il y a à faire, à de certains égards,
entre les hommes ; & combien leur amour mutuelle
& naturelle, les rend doux, affables, & hofpitaliers
par-tout.

Nous arrivames à Givet fur les cinq heures après-
midi : je connois peu de Villes en France mieux pro-
tégée ; elle eft fituée fur le bord de la Meufe, au pied
d'une montagne toute hériffée de baftions ; ce qui compofe un tout, qu'on nomme Charlemont.

Le Tabac y eft marchand, la plantation même per-
mife, & la Ferme de France a raifon. Givet eft en-
clavé dans le Pays de Liége, dans les terres de l'Empire ; on y feroit dans la néceffité de confommer le Tabac de ces Pays.

La Ville de Givet eft fort petite, bâtie de pierres
dures, peu différentes d'un marbre noir, couverte d'ardoifes, dont il y a aux environs, & du côté de Charleville, plufieurs carrieres. Nous fumes logés au Dau-
phin, chez une très-bonne femme, pleine de douceur
& d'attention quand on eft chez elle ; pleine d'aigreur
lorfqu'on en fort, & qu'on n'y paye pas les chofes au
triple.

Il fallut aller chez M. de Fiennes, Lieutenant de
Roi ; Madame fa femme y parut dans fa gloire, envi-
ronnée d'un nombre d'Officiers, qui jouoient fon qua-
drille, & relevoient fes cartes ; ufage qui s'obferve de
même chez Mefdames les Intendantes.

Pour traverfer la Meufe, on paffe fur un petit Pont de batteaux, qui mene à une partie de la Ville qu'on nomme Givet Nôtre-Dame. Cette feconde partie n'eft pas plus curieufe que la premiere.

Le lendemain Vendredi 6 Juillet, nous laiffames nos chaifes de pofte pour les faire mener à Velenciennes, & nous nous embarquames dans une Barque publique, qui pourtant partit à notre heure ; tout ce public n'étoit compofé que de trois Officiers d'un Régiment Suiffe en garnifon à Givet, qui alloient à Dinant.

Nous partimes à huit heures du matin fur la Meufe ; on n'y voit rien de remarquable jufqu'à Dinant, que quelques Rochers bifarrement coupés, deux ou trois Villages, terres d'Empire, un Château fur le bord de la Riviere appartenant au Baron de Frayé, une Abbaye de Bénédictins de Saint Hubert.

Il y a des Commis pour les droits de l'Empereur à deux lieuës de Givet, fur les bords de la Meufe ; ces Commis viennent à bord, & vifitent fort exactement, non-feulement les hardes, mais les poches quand on le fouffre, parce que fur les terres de l'Empire, on ne veut point de nos Efpeces, de nouvelle fabriquation fur-tout ; que de plus on les confifque fur ceux qui les portent.

J'avois pris la précaution d'emmener avec moi le Receveur & le Contrôleur de Givet ; tous ces gens-là font en correfpondance, quoiqu'appartenants à différents Maîtres, & ont les uns pour les autres des égards qu'ils n'ont pour perfonne ; ce fut de cette maniere qu'on ne nous vifita point au Village de Hâtir.

Sur les onze heures & demie nous arrivames à Dinant, Ville appartenant au Prince de Liége ; le Contrôleur au Bureau d'Hermeton à deux lieuës de Givet, fe trouva à notre débarquement, & nous conduifit dans la Ville. Elle eft bâtie comme Givet, le long de la Meufe, fur la droite en defcendant ; derriere font des Rochers fort efcarpés ; elle a eu des fortifications qui ne fubfiftent plus : les rues en font étroites, les maifons bâties d'une efpece de marbre noir. Tout François, venant de Paris, qui a paffé par les Egoûts de Château-Thierry & de Retel, fe trouve bien dépayfé en arrivant à Dinant; on fe croit déja bien loin de chez foi, tant la propreté des maifons & des rues de cette Ville, tranche avec la faloperie des nôtres.

On nous mena voir une de ces Maifons, où eft une Boutique d'Etoffes des Indes & autres ; elle appartient à M. Charlier, François refugié.

Toutes les chambres de cette maifon font remplies de petits-tableaux Flamands, de peintures à frefque, de mille fortes de colifichets fort jolis, fur les cheminées & fur les tables ; pas une ordure, pas un fêtu à ramaffer fur l'efcalier.

Ce M. Charlier eft un bon homme, & il faut bien l'être pour m'offrir, comme il fit, une lettre de crédit pour Liége, fans fçavoir mon nom.

Les Habitants de Dinant aiment les François ; ils font doux & civils : nous étions logés au vieux Heaume, chez une femme dont le fils étoit Bourguemeftre;

nous y bumes du vin de Bourgogne, du vin de Champagne rouge, & du blanc à trente-cinq fols la bouteille, fort bon : nous fumes mieux qu'on n'eſt à Saint Denis.

·On voit à Dinant une aſſez grande & belle Egliſe des Jéſuites; on y voit auſſi le Palais du Prince, il eſt bâti de la même pierre noire, & de brique : au fond de la Cour eſt une eſpece de Pavillon en Baldaquin; le tout ſe reſſent de l'abſence du Maître, & eſt mal en ordre.

A deux heures nous reprimes la Barque pour aller à Namur, nous laiſſames ſur la gauche un petit Village nommé Bouvignés; dans ce Village eſt une Abbaye de Bernardins, dont la maiſon, qui eſt le long de la riviere, paroît conſidérable. Aux fenêtres étoient alors pluſieurs Religieux qui s'y délaſſoient apparemment de la fatigue du diner; ils nous parurent là ce qu'ils ſont ailleurs, gros, gras & tranquilles, nonobſtant les follicitudes & les amertumes de leur état.

Ce Village appartient à l'Empereur, & là eſt un Bureau qui ſert de Contrôle au Bureau de Hâtir. Un Employé vint; je me nommai, & il ſe retira.

La Meuſe alors paroît encaiſſée des deux côtés par une chaîne de Montagnes, dont l'aſpect uniforme ſe trouve bien-tôt ennuyeux.

A une lieue de Dinant, eſt un petit Village ſur le bord de la riviere, à droite, nommé Poil-Vache : ce Village étoit autrefois un lieu conſidérable, même fortifié, mais il n'y reſte qu'une forge & peu de maiſons. On remarque enſuite, à droite & à gauche de cette riviere, quelques autres Villages aſſez près les uns des autres, & dans ces Villages beaucoup de forges.

A une lieue en-deçà de Namur, eſt un Château ſur le bord de la riviere qui nous parut joli; un corps-de-logis ſur le devant, un autre ſur le derriere, une terraſſe le long de l'eau, & de fort beaux jardins, &c. les murs du ſecond Bâtiment peints à freſque; on y voit les Armes du Seigneur du lieu, qu'on nomme le Comte de Tarroca; le Village s'appelle Aſſou.

Nous arrivames à Namur le même jour Vendredi 6 Juillet ſur les ſept heures & demie du ſoir : nous n'entrames point d'abord dans la Ville ; je voulois éviter la viſite des Commis; j'envoyai dire qui j'étois au Receveur des Fermes de l'Empereur; il défendit de toucher à nos hardes, & me fit aſſurer auſſitôt par un de ſes Gardes, que mes Compagnons & moi, pourrions ſortir comme nous étions entrés; cela fut açcompagné de tant de politeſſes, que nous jugeames à propos de l'en aller remerçier dès le ſoir même : à cet effet nous traverſames une partie de la Ville ſous la conduite de M. de Vaumorel, qui revenoit de chez ce Receveur, & qui nous égara pour nous y mener; ce fut au moins une occaſion de remarquer combien le peuple de Namur eſt affable & bon; les gens de tous états nous ſaluoient en paſſant : il s'offroit des conducteurs à nous; ceux que nous préférames nous menerent chez le Receveur, qui avoit un Sentinelle à ſa porte.

Ce Receveur, homme grand & bien fait, nous reçut avec une politeſſe exceſſive; les premiers complimens n'étoient pas encore faits & rendus, qu'une Servante, c'eſt l'uſage, mit la table, apporta des verres & du vin; nous en bumes de ce vin, deux ou trois bouteilles de ſuite, & il étoit fort bon.

Nous nous retirames à la grande Pomelette d'Or; c'eſt la meilleure Auberge; nous y ſoupames bien, chez de braves gens; là je donnai congé au Patron de la Barque de Givet; je lui payai trente-ſix livres argent de France, pour nous avoir menés de Givet à Namur; & fis le même marché avec un Patron de Namur à Serain, Château du Prince de Liege, en-deçà, & à une lieue de ſa Capitale.

L'on compte par eau, neuf lieues de Givet à Namur, onze de Namur à Liege.

Le lendemain Samedi matin, avant de nous embarquer, nous parcourumes encore la Ville, qui nous parut plus grande que nous n'avions penſé, & plus peuplée : elle eſt ſituée ſur le bord de la Meuſe, au-deſſous de cette même chaîne de Rochers dont il a été parlé à Dinant; elle eſt comme Dinant, étroite & longue, s'élargiſſant pourtant vers le Nord, par des ſinuoſités qui s'y trouvent : elle eſt coupée par la Sambre, qui ſe joint à la Meuſe, & que l'on paſſe dans la Ville ſur un pont nommé le Pont aux Bœufs. La plûpart des rues ſont étroites, quelques-unes pourtant belles & larges, les maiſons ſont bâties d'une eſpece de pierre brune fort dure, & de brique; elles ſont extrêmement percées;

les croifées n'en font pas grandes, mais multipliées à l'excés : toutes ces petites fenêtres, ces murailles brunes, ces toîts d'ardoife, font un coup d'œil bien étran-ger pour des gens de Paris; ce n'eft pas là le grand jour de la Place des Victoires ou de Vendôme; c'eft une ef-pece de demi jour refléchi par ces ardoifes, ces pierres brunes & ces vitrages; il eft beaucoup plus tendre, & moi mélancolique, je m'en accommoderois affez.

Nous fumes voir l'Eglife des Jefuites, renommée dans le pays. Le portail en eft beau, mafqué comme celui de S. Gervais par des maifons trop voifines, bâti dans le goût des grands Jefuites de Paris : le dedans eft revêtu de marbre jafpé jufqu'à la voûte; cette voûte eft foutenue par des colonnes du même marbre, ayant les piedeftaux & les chapiteaux de marbre noir ; toute la voûte eft fculptée & chargée d'ornemens prefque con-fus : on y voit des Confeffionnaux d'une fimplicité ma-gnifique ; ce font des grandes & fines figures en pied, adoffées aux montants ; de beaux jeunes garçons, les yeux baiffés, ou élevés au Ciel, qui repréfentent bien tendrement l'Image de la fynderefe & de la réconcilia-tion Evangélique.

M. de Vaumorel effaya de s'y affeoir, il s'y trouva fi bien, que déja l'affoupiffement le prenoit ; mais la Meffe finit ; nous le réveillames, & le ramenames à la Bar-que, où l'on nous attendoit.

Je reçus là une derniere politeffe de M. de Michlagers, le Receveur ; ce fut le paffe-avant qu'il me falloit, pour éviter jufqu'à Aix l'embarras des vifites, dont il m'avoit préfervé à Namur.   Je

Je donne avis à quiconque voudra faire le même voyage, qu'il n'aura pas de meilleur parti que celui que nous avons pris ; c'eſt de s'adreſſer à Namur au Receveur dont je viens de parler, parce qu'il eſt très-raiſonnable & très-poli.

Quant aux eſpeces, celles de France de la derniere fabrication n'y ont cours qu'avec beaucoup de perte ; il y faut porter des eſpeces vieilles, mais ſur-tout des piſtoles d'Eſpagne, des vieux louis & des ducats.

Nous nous embarquames, toujours ſur la Meuſe, & eumes aſſez le temps d'admirer la prodigieuſe circonvallation de Namur, & combien il paroît imprenable de tous côtés. Je ne ſçai quelle quantité de Troupes il faudroit pour en ſoutenir l'attaque ; mais il y a dans cette Ville actuellement ſix Régimens d'Infanterie & un Eſcadron de Cavalerie, & la garde de chaque jour eſt de ſept cens hommes : il eſt vrai qu'on rencontre des ſentinelles par-tout, non-ſeulement dans les forts, mais dans les rues de la Ville ; & que, la nuit comme le jour, on peut marcher dans la plus grande ſureté.

Ces Troupes ſont Hollandoiſes, Namur étant une des quatre Villes de la Barriere, ainſi que Mons, Ypres & Tournay : cela a été convenu par le Traité d'Utrecht, qui en explique la raiſon.

Nous continuames notre route, & arrivames ſur le midi & demi à Huy, ſans rien voir ſur notre paſſage, qui méritât beaucoup d'attention, qu'un Château ſur la gauche de la riviere, appartenant à M. de Niverlo, Tréfoncier de Liege, & un Couvent de Chanoineſſes ſur la droite, que nous n'avons pas même bien découvert, à cause d'une isle qui est interposée.

A Huy, la riviere devient beaucoup plus belle, & les bords sont plus découverts.

Nous entrames à Huy, que les Habitans du Pays nomment Houy; c'est une petite Ville que la Meuse partage : entre les deux parties est un assez beau pont de pierre, de huit arches. Nous demandames des curiosités à voir : il ne se trouva qu'une grande Eglise, que nous ne vimes point; les portes en étoient fermées; d'ailleurs notre Patron s'inquiétoit, & songeoit à nous faire dîner vîte pour partir.

Nous dînames au Heaume : c'est la meilleure Auberge; on y trouve, comme à Namur & à Dinant, même à Givet, cette propreté, cette netteté qui doit frapper tout François; de très-bon vin rosé pour vingt-cinq sols, argent de France, & en tout assez bien à dîner, à meilleur compte que dans notre Pays; de plus, des hôtesses, mere & filles, bonnes Liégeoises, qui nous donnerent en partant vingt baisers *gratis*, & pardessus le marché.

Nous nous embarquames sur les deux heures, pour continuer notre route à Serain.

Près de Huy est un Couvent de Récolets, que pourroient revendiquer les Bénédictins & Bernardins, tant il est grand, commode & bien bâti : vis-à-vis est un Couvent de Filles; & entre ces Couvens de deux sexes, j'observe qu'il n'y a que la riviere à passer.

La Meuse alors s'embellit encore plus; les chaînes

de montagnes qui la gênent à Givet & à Dinant, s'écartent & s'éloignent de chaque côté, & font place à des houblonnieres, à de belles prairies & à des champs labourés.

A une lieue de Huy, sur la droite, près de la riviere, est le Château de la Neuville, appartenant au Baron de Bonneville ; il est bâti de brique, & isolé ; c'est un grand corps de logis, deux gros pavillons, d'assez beaux jardins, une terrasse sur l'eau.

Sur la gauche est un Couvent de Chanoines Réguliers de Saint Augustin ; belle maison, avec une terrasse le long de l'eau, sur laquelle nous vimes un de ces Messieurs respirant l'air, & attendant le souper.

Près de-là, toujours en descendant, est le Château d'Hermal, flanqué de quatre tours : il est situé dans une plaine fort agréable ; cette plaine forme une espece de demi-lune qui s'ouvre en face de la riviere, & qui peut avoir deux lieues de tour : ce Château, comme les autres du Pays, est presque tout en dômes, en pavillons, bâti de brique, couvert d'ardoises, percé de petites croisées en grand nombre, & par-dessus cela des fleches & des minarets.

A une lieue de-là, est un petit Village nommé Handgy ; ce n'étoit pas la peine d'en parler.

Un peu au-dessous à mi-côté, & à mille pas du bord de l'eau, est le Château d'Aigremont, qui fait face à la Riviere, qui présente, comme les autres, cet air propre & neuf fort agréable aux yeux.

A trois mille pas de-là, est la maison de Baujoul,

avec un joli Jardin qui donne fur la Riviere.

Et de l'autre côté de l'eau, une efpéce de Château fort, fitué fur un Roc, bon pour fe défendre en guerre, mais vilain à habiter en paix : c'eft le Château de Chauquieres appartenant au Comte de Berlou.

Prefque vis-à-vis à droite eft une petite maifon toute galante, & qui méritoit bien qu'on nous y priât à fouper.

L'Eglife de Chauquieres eft joliment bâtie, le Prefbytere auffi : ce Village femble fuivre & accompagner le cours de la riviere. Derriere fe voyent ces mêmes rochers, dont la chaîne fe retrouve & s'apperçoit toujours malgré fes finuofités.

A une demi-lieue de ce Village eft un Couvent de Bernardins, nommé le Val-Saint-Lambert, attenant une petite Paroiffe : tout cela ne mérite pas une grande attention, d'ailleurs je remarque que voici bien de petits détails, & que je ne voyage point fur le Niger ni fur le Gange. C'eft fur les routes d'Agra ou de Bender Abaffy, que les riens valent des chofes, & qu'on met de l'intérêt à tout ; mais fur la Meufe, qui paffe chez nous, il faut aller vîte & arriver. Les voilà pourtant ces détails, & je les laiffe : j'apperçois déja le Pays où j'en trouverai bien d'autres à fupprimer tant qu'il me plaira.

On découvre enfin les bords d'un Village nommé Degenet : ce Village fuit le fil de l'eau ; il préfente fur la même ligne un très-grand nombre de maifons dans un goût de Guinguette, qui pour cela même, ont un air très-riant ; & vis-à-vis est une suite de maisons pareilles ; ce qui forme de chaque côté un aspect fort agréable, & un ensemble vraiment pittoresque ; celui-ci est le Village de Serain ; il se termine au Château du Prince de Liege.

Nous nous étions destinés à coucher dans l'un de ces Villages qui sont à neuf lieuës de Namur. Mon dessein étoit d'être plus à portée le lendemain matin de voir le Prince.

A cet effet nous nous arrêtames au milieu du port ; je pris un batteau, & fus avec M. de Vaumorel sçavoir, quand & comment le Prince seroit visible ; il ne l'étoit pas alors ; mais M. Coune, Lieutenant de ses Gardes, & son Intendant, me promit audience pour le lendemain.

Nous repassames la Riviere, sur ce que nous étions déja instruits qu'il n'y avoit de Cabarets que de l'autre côté, dans le Village de Degenet ; je m'attendois du moins à choisir ; mais il ne s'en trouva qu'un meublé de deux lits, pour dix personnes que nous étions, tant maîtres que domestiques.

A l'entrée de ce Cabaret, nous fumes frappés d'admiration ; ce n'étoit pas de la magnificence du lieu, mais de celle des personnages qui l'occupoient ; un maître de maison dont le ventre ne pouvoit passer par les portes ; deux filles à lui, filles à marier, portant la même circonférence ; une troisiéme leur cadette étoit là ; mais quelle différence ! c'est une des plus grandes & des plus belles statures de fille que j'aie encore vûes, & que je souhaite de voir ; elle étoit coëffée en cheveux, jolie par les yeux, par la bouche, même par les traits, malgré la petite vérole ; peu de gorge, la taille fine, lefte, toute femblable à cette charmante fille de Loth du tableau de Wlengelx que j'ai tant aimé chez M. de Noçé.

Tout cela ne fuffifoit pas ; l'air de la Riviere nous avoit affamés ; nous demandions à vivre ; mais à toutes nos demandes, peu ou point de réponfe ; on ne nous entendoit guères, & fi l'on fe faifoit entendre, c'étoit en fe mocquant de nous ; la grande cadette en gamba-dant, les deux groffes aînées nous regardant comme des termes ; le pere fumant fa pipe, & ne nous regar-dant pas.

Sans les foins de la mere, nous étions à plaindre ; la pauvre femme s'en donna beaucoup ; & il faut lui ren-dre juftice, elle a le vin bon ; toute yvre qu'elle étoit, elle eut la charité de fe mettre en quête dans le Voi-finage, de nous chercher du pain, de la chandelle, &c. ce qu'elle rapporta même eut pû fuffire, mais un acci-dent lui arriva en entrant chez elle, ce fut de fe laiffer cheoir dans la boue avec notre provifion ; la bonne femme n'y perdit rien ; elle ramaffa le tout de fon mieux, & nous retirames de fes mains notre viande & notre pain, parmi les cerifes, le beurre, le fuif & les crottes.

La jeuneffe aime le défordre ; la grande cadette voyoit celui-là, & en rioit à pâmer ; il fallut bien en rire nous-mêmes. Les deux groffes aînées prirent la chofe plus férieufement ; elles nous prierent d'excufer leur

mere: elles nous firent comprendre que ce n'étoit pas
fa faute; qu'elle avoit paffé la journée dans une Braf-
ferie du voifinage, où il lui avoit fallu répondre aux
honnêtetés qu'elle y avoit reçues.

J'écris tout ceci pour moi, pour me le rappeller dans
dix ans, je ne veux pas m'en impofer à moi-même,
& je n'ajoute pas un mot au fait.

Cependant ces merveilleufes filles, la cadette fur-
tout, allumerent la tourbe, parce que là comme à
Namur, même à Dinant, on ne connoît point l'ufage
de nos cheminées, ni de nos bois à brûler.

On décrota donc nos vivres, on nous fricaffa des
œufs durs, & des tranches de mouton parmi du beurre,
du perfil & de la mufcade par égale portion; & c'eft
ainfi qu'on nous apprêta le meilleur repas qu'il fe put.

Pendant toute cette opération, M. Defrofiers, l'un
de nous, homme actif, retourna à M. Coune, & lui
repréfenta notre état; il n'étoit pas queftion de nous
loger au Château, où les domeftiques du Prince n'ont
pas même de logement pour eux; mais de nous en
trouver quelqu'un dans le voifinage. M. Defrofiers
fut de l'Intendant au Maître d'Hôtel, du Maître d'Hôtel
au Vicaire, qui fe trouva ami du Concierge d'un Château voifin; il appartient à Madame de Theut de Liége.
Le Concierge convint de nous donner des lits; toute
la négociation fe paffa chez le Vicaire, ce fut chez
lui que la délibération de nous loger fut prife: cela
fut arrêté avec les cérémonies ordinaires, à grand coup
de vin du Rhin, & nous jugeames au retour, que

M. Defrofiers n'avoit pas rempli moins bien les fonctions d'un grand Miniftre dans les cérémonies, que dans la négociation même dont il s'étoit chargé.

En effet, il s'intéreffoit peu à notre mauvais repas, fon avis étoit toujours qu'il n'y avoit point de temps à perdre, que le fommeil étoit néceffaire aux Voyageurs, & que de fort bons lits nous attendoient à ce Château.

Nous y fumes, & du plus loin qu'on nous vit à la lueur d'un flambart qui nous éclairoit, nous en vimes un autre du côté de la maifon qui venoit au-devant de nous ; le Concierge & fa femme nous reçurent avec des illuminations.

Ce petit Château eft joliment fitué près de la riviere, il eft proprement & galamment meublé; la Dame doit fçavoir ce que c'eft que le féjour des lits, car ils font tous fort bons dans fon Château, & nous y dormimes bien.

Le lendemain matin Dimanche, à la Meffe d'abord, dans une Eglife que le Prince fait bâtir; elle fut dite par le même généreux Vicaire dont je viens de parler; mais nous remarquames avec un véritable attendriffement, qu'il n'avoit pas encore l'œil bien net, ni le teint bien repofé.

Je fus de-là me préfenter chez le Prince ; je lui remis mes lettres de crédit; il me reçut avec bonté : Son Alteffe m'ordonna de dîner avec elle, & de lui amener mes compagnons; mais ces Meffieurs ayant difpofé d'eux autrement, foit pour dîner avant, foit pour aller nous

attendre

attendre à Liege, mon frere seul me resta.

Nous eumes l'honneur de dîner avec le Prince, & de satisfaire au proverbe *in petto*, en buvant de la bierre à sa santé; car il faut remarquer que Liege est le Pays de la bierre par excellence, comme Ysigny est le Pays du bon pommé.

Le dîner fut grand & bon, à la Françoise; du vin de toute espece, jusqu'à du Champagne de 1724, dont il ne reste pas une bouteille dans tout Paris, tant les Parisiens brusquent les jouissances, & ont peu d'économie dans leurs plaisirs.

A ce dîner étoit Madame la Marquise de . . . sœur du Prince, un de Messieurs les Archidiacres de Liege, cinq ou six autres personnages que je puis me dispenser de rappeller; il leur suffira que je convienne qu'ils me parurent de beaux dîneurs, sçachant bien parler, & peu; sçachant bien boire, & beaucoup.

Après le dîner, je pris congé de Son Altesse, & la remerciai de l'honneur qu'elle m'avoit fait.

Je voulois remercier aussi M. Counne; & pour cela j'entrai dans sa chambre avec mon frere : mais de simples politesses ne satisfaisoient pas sa générosité; il fit venir bouteilles sur bouteilles; il en fit défiler deux ou trois, que nous bumes tout debout, sur le pas de sa porte, aux derniers complimens; après quoi, il voulut, bon-gré, mal-gré, passer la riviere, & nous accompagner jusqu'au carosse qui nous attendoit.

Là nous l'embrassames de bon cœur, & montames, mon frere & moi, dans ce carrosse de louage, que j'avois envoyé chercher à Liege, & qui nous y mena en deux heures.

Le Château de Serain n'eſt pas conſidérable; ce n'é-toit ci-devant qu'une mauvaiſe maiſon : le Prince épris de ſa ſituation, y a bâti un corps-de-logis, qui fait face à la riviere, & n'en eſt qu'à cent pas; il communique au vieux bâtiment qui eſt à la droite, ſur la même ligne; & le vieux bâtiment où ſont les écuries & les remiſes, ſe termine & touche à l'Egliſe que l'on éleve actuel-lement.

On arrive, par une cour aſſez mal fermée, au corps-de-logis neuf; on paſſe deſſous par la grande porte, & l'on ſe trouve dans une ſeconde cour, d'où l'on voit les cuiſines, les remiſes, les jardins; elle renferme tout.

Pour monter aux appartemens, on trouve à droite une aſſez grande ſalle des Gardes, & le vieux eſcalier, mais on y monte par l'eſcalier neuf, qu'on trouve à gau-che, à trente pas de la grande porte.

Cet eſcalier eſt aſſez beau, du moins agréable; il n'eſt que de bois, mais tout y eſt peint, Payſages ou Hiſtoires, celle, par exemple, d'un vol qui fut fait il y a quelques années, au Sommelier du Prince, de la clef de la cave.

L'appartement que le Prince occupe eſt grand, meu-blé en damas, en velours à crépine très-richement.

Le Jardin eſt aſſez bien planté; il y a des eaux, des ſtatues, qui de loin me parurent plus blanches que le marbre, repréſentant des Mercures, des Renommées: je fus émerveillé de la hardieſſe de leurs attitudes; je vis de près que ces ſtatues étoient de plomb.

Il n'importe de la matiere ; toutes ſtatues embelliſſent les Jardins ; je fais grand cas de celles de marbre , mais la matiere demande trop qu'on leur établiſſe des poſitions toujours ſolides , & quelquefois trop auſſi ; au lieu que la matiere de celles-ci permet que l'on poſe une figure ſur la pointe du pied , qu'on lui donne de ces élancemens , dont la hardieſſe, la force, & la légéreté, leur ajoutent une eſpece d'ame & de vie qui frappe & qui plaît fort aux yeux : qu'on ſe repréſente les Cheveaux aîlés qui ſont au Pont tournant des Thuilleries , avec la maſſe énorme qui fait leur appui, on ſera peut-être de mon ſentiment : ſi on n'en étoit pas , on me fairoit bien du chagrin.

Ce Jardin eſt borné par une terraſſe , d'où l'on découvre de fort belles prairies : la terraſſe mene à un très-joli Salon peint dans le goût de la Chine; pluſieurs allées en berceaux y aboutiſſent, & le rendent aſſez ſemblable à un des Pavillons de Marly.

Le Prince a déja dépenſé cent mille écus pour mettre ſon Château en cet état ; il ne me parut point d'avis d'en accroître les jouiſſances ; ſon revenu n'excéde point aſſez les cent mille écus déja conſommés ; ſa maiſon eſt nombreuſe , & ſon épargne peu conſidérable.

D'ailleurs, les Etats de Liége ont peu de goût pour de pareilles dépenſes, ils ſe tiennent convaincus que le droit de ſoixantiéme, dont jouit le Prince, en quelqu'une des Villes de ſes Etats , ſur les marchandiſes étrangeres qui y paſſent, lui compoſe un revenu ſuffi-

D ij

fant , & rien ne les défabufe là - deffus.

Nous montames en caroffe mon frere & moi ; ce caroffe étoit de louage, avec quatre chevaux, & coûtoit 12 livres argent de France ; nous arrivames deux heures après à Liége ; nous entrames dans la Ville fur un beau Quai planté d'arbres, confervés avec foin; ce Quai eft grand, on y voit des maifons bien bâties de brique, & couvertes d'ardoifes, à l'ufage du Pays, où l'ardoife eft commune.

Nous defcendimes au Mouton Blanc, c'eft la bonne Auberge ; l'Hôteffe & l'Hôte font de fort honnêtes gens; celui-ci eft affolé de la Mufique ; nous nous avifames le foir de faire revivre nos trios; il vint à nous tranfporté , & ne nous quitta plus.

Nous apprimes là, comme dans le Brabant, & plus encore dans la Hollande , combien il eft important à quiconque y voyage de fe faire une loi de manger aux tables d'Hôtes.

On trouve ces tables reglées dans les bonnes Auberges des Villes ; elles font à bon compte, & fi l'on veut vivre à part, on paye au triple ; c'eft fur ce principe que nous nous fommes conduits, & nous nous en fommes bien trouvés.

La table d'Hôte du Mouton blanc eft fur le pied de trois efcalins par dîner, & deux par fouper, le vin à part, & le logement qui fe paye à 6, 8, & quelquefois à 10 fols par lit.

Il y avoit en cette Auberge deux Anglois avec lefquels nous foupames ; l'un bien jeune & fort bon enfant, l'autre plus âgé, plus verfé dans le monde.

Ces Meſſieurs déja connoiſſoient fort la Ville, ils nous menerent le lendemain chez M. le Baron de Haſſier; c'eſt un homme de mérite, un homme curieux; il nous reçut, ſuivant l'uſage, avec du vin du Rhin, & nous fit voir ſa Maiſon, qui eſt ſingulierement bâtie, ſes livres, ſes pierres gravées, ſes médailles, beaucoup d'autres curioſités de ſon choix.

Nous fumes de là voir les Jéſuites Anglois; leur jardin en compoſe dix; ce ſont des terraſſes les unes ſur les autres, toutes plantées d'arbres qui les maſquent, & dont chacune fait un jardin différent.

Ces Jéſuites Anglois ſont des bons Religieux; ils ne paroiſſent point obſerver la regle étroite des Jéſuites de France, mais je ſuis convaincu qu'ils n'en éprouvent que plus de peines & d'auſtérités.

Leur Maiſon, comme celle de Saint-Omer, eſt une eſpece de Séminaire, d'où on les tire pour aller en miſſion dans leur propre pays; alors ils ſe déguiſent, ils portent l'habit cavalier, la perruque, &c. il leur eſt ordonné de vivre en gens du monde, non-ſeulement en Angleterre, où leur propre ſûreté le demande, mais dans les autres pays, & généralement par-tout ailleurs que dans leur Communauté, lorſque des ordres ſupérieurs les y mandent & les y retiennent.

Les Anglois Catholiques envoyent, comme les autres, leurs enfans en voyage; ils prennent par préférence un de ces Peres Jéſuites pour les accompagner & leur tenir lieu de Gouverneur & de Préfet; cela dure tout le temps du voyage; le Jéfuite enfin remet l'Enfant entre les mains du Pere, il en reçoit alors une récompenfe qu'il rapporte à fa Communauté, après quoi il s'y retire.

Nous fumes voir les Chartreux, leur Maifon eft à mi-côte; leur Eglife eft belle & claire, quoique le marbre noir n'y foit pas épargné; on y voit d'affez bons tableaux pour des Peintres Flamands, qui ne font pas renommés.

Le Cloître & les Cellules n'ont rien de rare. Nous vifitames quelques autres Eglifes; celle de Saint Severin, qui fe trouva toute tapiffée de bigarrures, de découpures d'affez mauvais goût : là fe faifoit une Fête de Vierge; la Vierge étoit pofée fur des brancards au milieu de l'Eglife, chargée de fleurs, de rubans & de parures femblables, dont l'affortiment ne valoit pas mieux. Tous les Muficiens de la Ville y étoient; ils y chanterent des Motets Italiens, & les fymphonies nous en plurent beaucoup, malgré la pauvre exécution.

Nous fumes voir l'Eglife des Jéfuites Walons, qui eft bâtie à peu près dans le goût de celle de Namur, quoique fort au-deffous; l'Eglife & leur maifon font fituées dans une Ifle entre deux bras de la Meufe, près d'un beau Pont.

Nous en vifitames quelqu'autres, il ne m'en eft rien refté.

L'Hôtel de Ville eft un joli bâtiment quarré; il préfente d'abord un grand veftibule, foutenu par des colonnes & des pilaftres qui fupportent plufieurs belles

& grandes Salles, chargées de peintures du pays ; je n'en ai pas fait un grand cas.

Ce fut par le secours d'un Bourgeois de Liége, nommé M. l'Avocat Loyens, que nous entrames dans l'Hôtel de Ville ; il nous rencontra dans la rue, il s'offrit, sans nous connoître, & fit plus, (les gens de Liége sont de bonnes gens) il nous donna une Lettre de recommandation pour Maftrecht, où nous devions aller, & où nous ne connoissions personne ; elle étoit adressée à M. Vanachn, ancien Bourguemeftre & Pensionnaire de la Ville.

Nous employames le reste du jour dans les rues de cette Ville, à peu près comme Messieurs les Allemands font dans les rues de Paris, à considérer les Maisons, les Ponts, les Enseignes, les Gens, &c.

Il fallut conclure du tout, & la conclusion fut unanime, que la Ville de Liége eft fort grande, bien bâtie, bien propre, mais que les jolies créatures y sont rares.

Cela dit, nous retournames à l'Auberge, & y fimes le dernier souper avec ces mêmes Anglois. Nous nous trouvames ce soir là plus dévergondés qu'à l'ordinaire ; le souper fut fort long, le plus jeune Anglois se retira, l'autre tint ferme, il étoit bon convive, nous fumes très-satisfaits de lui ; mais plus édifiés encore, lorsque notre Hôte nous dit à l'oreille, qu'il avoit fait dans ce souper de grands sacrifices à la nécessité de l'*incognito ;* que ce n'étoit rien moins qu'un Anglois libertin ; que c'étoit un des Peres Jéfuites de la Maison même de Liége, qui accompagnoit le jeune homme dans ses voyages , & qui devoit bientôt le remener à ses parens.

Nous partimes de Liége le Mercredi matin 11 Juillet; ce ne fut pas sans inconvénient ; nous nous étions levés dès quatre heures du matin ; on avoit déja fait porter nos bagages dans une barque qui devoit nous mener à Maftrecht pour huit écus de France : cette barque se trouva un bateau si mince, que nous primes le parti de retourner du Port au Cabaret, & d'y prendre un Caroffe de louage, qui ne nous coûta pour aller à Maftrecht que le même prix : Maftrecht eft à cinq petites lieues de Liége; nous y arrivames à midi; ce fut un inftant trop tard , parce qu'on venoit de fermer les portes.

Il faut remarquer que Maftrecht appartient par moitié aux Etats de Hollande & au Prince de Liége ; mais que les Hollandois en font les maîtres; qu'ils y tiennent une forte Garnifon , & que dans aucune Ville on n'eft fur ses gardes comme dans celle-la ; à midi les Ponts fe levent, les portes fe ferment, parce que, dit-on, c'eft l'heure qu'on dîne, & qu'on peut être furpris fans défenfe.

Nous attendimes donc jufqu'au moment qu'on vint pour nous ouvrir les portes, ce que l'on fit; après quoi un Soldat nous accompagna au corps-de-garde; là fe trouve un Commis pour les Etats de Hollande, qui demande aux paffans fi l'on n'a pas du tabac de contrebande.

Il fallut, felon les ufages, décliner nos noms : de
fuite

fuite nous traverfames la Ville , qui nous parut fort grande , fort claire , affez bien percée.

Nous fumes defcendre au coin d'une place bordée d'arbres , où les Troupes montent la parade.

C'étoit au Heaume, chez un homme de quatre-vingt-treize ans ; cet homme nous parut plus joli que fa fille , & fa fille après lui plus belle que tout le refte de la mai-fon ; fi la mortalité atteint cette famille , il en reftera au moins le tableau qui fe conferve dans la falle de l'Auberge , & chacune figure paroîtra toujours d'un grotefque original , & aura fon prix dans tous les temps.

La Ville de Maftrecht eft très-fortifiée , on y voit un pont de pierre fur lequel on paffe la Meufe, & cette riviere fépare Maftrecht d'une autre efpece de petite Ville appartenante au Prince de Liége, fous le nom de Wikc.

Trois ou quatre des plus belles Eglifes font occupées par les Proteftans, le refte par les Catholiques ; nous y avons vu l'Hôtel-de-Ville avec le fecours de M. Va-nachn.

J'ai déja dit que M. l'Avocat Loyens , de Liége, nous avoit donné une lettre de recommandation ; cette lettre étoit pour lui, ancien Bourguemeftre & Penfion-naire de la Ville ; il nous reçut à l'ordinaire avec du vin, & nous mena voir cet Hôtel-de-Ville qui eft beau & folidement bâti ; d'affez grandes Salles ; quelques tableaux meilleurs que ceux de l'Hôtel de Liége.

Le refte du jour s'employa à confidérer les phifiono-

E

mies, nous en trouvames beaucoup de plaisantes. Mas-trecht n'est qu'à cinq lieues de Liége, & il différe en cela, autant que Strasbourg peut différer de Paris.

Après avoir traversé quelques grandes places plan-tées de beaux arbres, & un nombre de belles rues, nous tombames chez un Bas-Normand, chez un hom-me de Caën, Facteur pour la Diligence; j'en retins une à huit places; ce sont des especes de Berlines lon-gues, suspendues comme les nôtres; on y est assez bien assis deux à deux, chacun sur une chaise clouée, & l'un devant l'autre, cette voiture devoit nous mener à Bruxel-les le lendemain, pour vingt-un Escalins par tête; cela revient, argent de France, aux environs de 13 liv. parce qu'il faut dans ce Pays là, compter l'Escalin sur le pied de 12 sols 6 deniers, que de plus, on paye encore un demi Escalin pour le Commis.

Le lendemain matin, Jeudi 12 Juillet, à trois heu-res du matin, nous nous embalames dans cette Berline; nous en avions prévu le cahotage, qui d'avance nous avoit fait trembler; rien moins, & quand ces voitures sont remplies, on y est en vérité plus à l'aise que dans les Berlines ordinaires.

Il y avoit ce jour là vingt lieues à faire pour arriver à Bruxelles; il fallut partir avant trois heures; nous passames par un très beau Pays, bien habité; nous y vimes des Villages qu'on prendroit ailleurs pour des Villes. Nous fumes dîner à Tilmont, gros Bourg, ou plutôt Ville, voisine de Nervinde.

On nous fit, dans ce Bourg de Tilmont, un assez

mauſſade repas, qu'on arroſa pourtant de vin de Mozelle & de Rhin, il eſt commun ſur cette route. On nous ſervit à ce dîner des pigeons rôtis, ſans lard; j'en demandai la raiſon, l'Hôteſſe me dit qu'elle ne ſçavoit pas qui nous étions, qu'elle avoit ſeulement cru reconnoître quelques-uns de nous pour des Juifs qui fréquentent cette route.

De-là nous trouvames une très-belle chauſſée que les Etats de Brabant ont fait faire, & qui ne commence qu'à cette Ville, parce qu'il régne toujours une conteſtation entr'eux & les Etats de Liége, pour la Seigneurie & propriété du chemin qui mene de cette Ville à Maſtrecht.

C'eſt par cette chauſſée que l'on arrive bien-tôt à Louvain. Il eſt ſitué ſur une petite Riviere, dont le nom m'importe peu; l'enceinte en eſt immenſe, & ne renferme pourtant gueres que des Couvens & des Colléges; nous ne vimes tout cela qu'en courant. Premierement, parce que nous voulions arriver à Bruxelles, où les portes ſe ferment, & que le temps nous preſſoit; de plus, c'eſt qu'une Ville qui n'offre à des François que des Docteurs, des Etudians ou des Moines pour paſſe-temps, qui d'ailleurs eſt infectée d'une canaille inſolente, qui nous déteſte, ne méritoit en vérité de notre part que le coup d'œil.

Il nous reſtoit quatre lieues à faire. La promenade du Cours n'eſt pas plus belle ni plus agréable que tout le chemin qu'on fait de Louvain à Bruxelles.

Nous y arrivames ſur les huit heures du ſoir, & y

fumes defcendre au vieux Loup. Il s'y voit une Hôteffe férieufe, un Hôte ivrogne, & deux filles jolies,
j'entends pour des Voyageurs, qui quelquefois tombent
fur du pain bis, & le trouvent fort bon ; & ce que
vous lifez-là, eft écrit du jour même.

Le lendemain matin Vendredi, nous fumes voir M. de
Jonville, Envoyé de France; notre dîner étoit com-
mandé, ce qui nous empêcha d'accepter le fien ; cela
fut remis au lendemain, il nous fit une chere de gens
de Paris. Le premier paffe-temps qu'on nous propofe
à Bruxelles, c'eft d'aller voir l'Eglife de Sainte Gu-
dule; & il eft vrai que cette Eglife eft belle & riche;
mais fameufe fur-tout par les miracles qui s'y font faits:
un des plus confidérables eft celui des trois Hofties,
qu'on y montre, qui, dit-on, furent percées de coups
de couteau par des Juifs, & jetterent du fang ; il y a
de cela trois ou quatre cens ans.

C'eft à l'occafion de ce miracle, qu'on a inftitué une
Fête & une Proceffion toutes les années, qui fe fait le
Dimanche d'après le 13 Juillet.

Nous avions pris, fans le fçavoir, notre temps à
merveille ; nous étions à Bruxelles le Dimanche, &
ce Dimanche étoit le 15. La Proceffion paffa devant
nos fenêtres; toutes les rues étoient planchayées; c'é-
toit une efpece de parquet de quatre à cinq pieds de
large, pofé par-tout où la Proceffion devoit paffer. Nous
y vimes les Religieux, Prêtres, Corps de Métiers,
dont le nombre m'étonna. A cette occafion j'appris que
les Savetiers de Bruxelles ont le pas fur les Cordon-

niers de la Ville, par une raifon que voici. Charles-Quint paffant à cheval dans les rues de Bruxelles, ordonna au premier Cordonnier qu'il vit de raccommoder fa botte ; le Cordonnier lui repliqua que c'étoit l'affaire du Savetier ; la botte fut raccommodée par un Savetier en effet ; & de-là les Lettres Patentes, qui en punition de l'un, & pour récompenfer l'autre, accordent aux Savetiers fur les Cordonniers, cette prérogative.

A la fuite étoit le Corps de Ville, & enfin l'Archiduchefle foutenue d'une main par M. de Vifcomti, fon premier Ecuyer, portant un grand cierge beni ; ayant dans fes regards & dans fon maintien tout ce qu'il faut pour en impofer aux uns, & édifier les autres.

Elle étoit précédée d'une vingtaine de Valets-de-pied, en livrée & en manteaux ; de huit ou dix Pages, vêtus fuivant l'Etiquette ; elle étoit fuivie de cinq ou fix Dames ou Demoifelles d'Honneur, en robbes de Cour ; la Proceffion fe terminoit par un détachement de cinquante Moufquetaires du Régiment de Virtemberg. Aux Carrefours, on avoit mis des détachements du Régiment de Wefterloo, Dragons. Les rues, ou plutôt les maifons, étoient tapiffées de toutes fortes de feuillages qui les mafquoient, qui montoient jufqu'aux faîtes & aux pignons ; je dis les pignons, parce que dans tous les Pays-Bas, les maifons ne font point bâties comme les nôtres, qui préfentent le flanc & le toît.

Toute cette cérémonie nous donna une grande idée

de la ville de Bruxelles, & nous ne vimes rien d'ailleurs qui n'y répondît. L'Hôtel de Ville est dans une grande place, & cette place est un très-beau tableau; toutes les maisons en sont ornées, variées & pictoresques. L'Hôtel de Ville est grand; il renferme plusieurs Salles où se voyent des tapisseries de la Manufacture du pays, les plus belles que j'aye encore vues; c'est l'histoire des Clovis.

Le Port de Bruxelles est un Quai fort large & fort long, embelli par plusieurs maisons bien bâties de briques, peintes en rouge vif & en différens compartimens; rien n'est plus riant. Le Canal est traversé par plusieurs Ponts, pour la commodité des gens de pied. Lorsque les Barques veulent passer, ces Ponts se levent par la main d'un enfant, qui tourne une grande roue; cette grande roue en fait mouvoir des petites; ces petites entraînent à elles un cryc & demi, ou en quart de cercle, dont un bout est cramponné sur le Pont, & dont l'autre bout passe dessous, & descend autant que ces petites roues tournent, & que la grande roue les fait tourner: cela à l'aide d'un contre-poids qui ne se voit point, qui balance en descendant le poids du Pont qui hausse, & balance en remontant le poids du Pont qui descend.

Ce qui ne paroît pas moins beau que le Quai, nommé rivage, c'est le Cours; il est planté de jeunes arbres en doubles allées, il accompagne le Canal pendant plus d'une demie-lieue.

Nous avons vû là un grand nombre de Carosses de

toutes efpeces, car on voit à Bruxelles, comme à Paris,
Caroffes Bourgeois, de Remifes & Fiacres ; les Caroffes
de Remifes à 10 efcalins par jour, valeur de 6 ou 7 liv.
de France ; les Fiacres un efcalin par heure, qui vaut
12 fols 6 deniers de notre monnoye.

Les étrangers qui arrivent au Cours de Bruxelles,
doivent être fort aifes de fe voir auffi-bien accueillis ;
les hommes & les femmes les faluent allant & venant
autant de fois qu'ils les rencontrent. Cela a l'air d'une
connoiffance prefque faite, d'un fouper tout prêt à
faire ; point du tout ; on fe falue beaucoup, & on ne
fe parle pas. Les étrangers comprennent enfin qu'on
ne les attend qu'à l'Auberge pour deux efcalins par
tête.

On nous mena voir une Eglife des Grands Carmes
affez belle. Dans cette Eglife eft une Chaire, qui repréfente une efpece de grotte, au pied de laquelle eft
un Elie de grandeur naturelle, affifté par fon Ange ;
deux grands Palmiers s'élevent derriere, & forment
le dais de la Chaire, qui eft fculptée par-tout de la
main d'un grand Maître.

Là eft auffi un très-grand tableau, où eft peint le
jugement dernier ; jour terrible, que les Grands Carmes
de Bruxelles n'envifagent pas, comme nous autres mon-
dains : on y voit le partage des bons & des méchans ;
prefque tout le côté des Elûs occupé par une multitude
de ces Révérends Peres : ils y font repréfentés avec tout
l'embonpoint que donne la béatitude ; tous affis bien
à leur aife dans un amphithéâtre à part ; confidérant

cette fanglante fcene d'un œil de fécurité, affiftans là comme à une Tragédie des Jéfuites.

Entr'autres Places, il y en a une à Bruxelles, nommée la Place des quatre Pucelles ; la raifon eft qu'au milieu eft un bloc à quatre faces, où font nichées quatre grandes Filles blanches comme le marbre, qui pourtant ne font que de plomb blanchi, que chacune de ces Filles pofe la main fur fon teton par. où l'eau coule & fait fon jet, ce qui compofe en effet quatre Fontaines à l'ufage des gens.

Chemin faifant on trouve encore une autre Fontaine au coin d'un carrefour ; elle eft moins confidérable, ce n'eft que la Fontaine du Maniquet. L'eau à cette Fontaine ne vient pas d'un teton, c'eft de la particule d'un jeune enfant, qui de fes doigts femble la preffer par amitié pour le Public. Il n'eft pas de marbre cet enfant, il eft de bronze, & pofé fur un pied-d'eftal.

La Proceffion devoit précifement paffer par là, & comme cette nudité fut jugée mal féante, on habilla le petit garçon, on lui mit une perruque, un haut-de-chauffe, & un chapeau bordé.

La maifon de M. de Jonville donne dans un Parc appartenant au Palais de l'Archiducheffe ; les Promenades en font belles, & les Dains timides y viennent manger dans la main. De ce Parc on voit les triftes reftes du Palais incendié l'hyver paffé ; il n'eft plus habitable, & il fait horreur en l'état où il eft ; tout ce qu'on en peut juger, c'eft que ce Palais étoit d'une ancienne Architecture, fans ordre ni fymétrie. Il refte

encore,

encore, non du côté du Parc, où on ne voit que des Jardins, mais de l'autre, vis-à-vis où étoit l'entrée, une affez grande place enceinte de pierres bleues de diftance en diftance ; ce font des pieds-d'eftaux qui fupportent des ftatues de bronze, qu'on nous a dit repréfenter les anciens Souverains.

C'eft tout ce qu'il nous fut poffible de voir pendant deux jours & demi que nous fumes à Bruxelles, qui nous parut au furplus une très-grande Ville, haute & baffe, fort peuplée ; mais d'un mélange de tant de gens, que l'on ne peut diftinguer comment le terroir les produit : vous en voyez des grands, ce font des Allemands ; de gros, des Hollandois : ce font des maffes de femmes blanches, froides & immobiles, du Brabant ; des brunettes vives, légeres & gaillardes, de notre bonne ville de Paris, &c.

Le Dimanche 15 Juillet, nous primes une Diligence à huit pour aller à Malines à quatre lieues de là. Nous payames 4 efcalins & 2 fols par tête, ce qui revient à 55 fols de France ; nous partimes à trois heures après midi, & arrivames à Malines à fix, les yeux charmés de la plus belle & de la plus féconde campagne qu'on puiffe voir. Nous allions trop vîte pour pouvoir bien remarquer tout ; nous étions occupés de la beauté du Canal, qui fuit & accompagne une partie du chemin, des belles allées d'arbres qu'on voit fur ces bords, de la chauffée fur laquelle on roule comme en des allées de jardins, de la quantité de petites ou grandes mai-fons ; je dis de maifons de Payfans, plus agréables, plus riantes qu'on ne peut dire ; mais plus propres & plus nettes en dedans qu'on ne peut penfer.

Après avoir traverfé les Plaines de Champagne, où cette année fur-tout, les grains & les fourages font fi rares, ce pays-ci paroît favorifé d'une Providence particuliere.

A Malines nous defcendimes au grand Chaudron, bonne Auberge ; nous eumes le temps de voir avant le fouper, un Couvent des Capucins, qu'on nous cita comme curieux. Leur jardin touche aux murs de la Ville, ce n'eft rien de remarquable. L'Eglife Cathédrale eft grande ; le Clocher, ou la Tour, eft bâtie dans le goût de celles de Notre-Dame de Paris ; elle eft prefqu'auffi élevée ; elle a, dit-on, 348 pieds de hauteur ; on y a placé un Cadran, fur lequel on peut voir l'heure d'une lieue, & cela des quatre côtés de la Tour, parce qu'il y en a quatre femblables, aufquels on donne 140 pieds de circonférence.

Le lendemain matin nous parcourumes la Ville ; il s'y trouva de fort jolies Filles ou Femmes, de belles maifons, des rues larges, des places vaftes ; le tout vivant & d'un air de commerce qui y donne de la vivacité; on y compte 40 ou 50 Caroffes.

Le Lundi 16 Juillet, à 9 heures du matin, ayant payé notre Hôteffe fur le même pied qu'à Bruxelles, nous reprimes une Diligence à huit, pour aller à Anvers, qui n'eft qu'à quatre lieues de là. Nous retrouvames la même chauffée, qui ne manque jamais fur cette route. J'admire des deux côtés les champs, les prés, les bois ; cette campagne me paroît encore plus belle que celle de Bruxelles à Malines ; beaucoup de maifons fur le chemin. Nous defcendimes dans une, à deux lieues en deçà d'Anvers ; c'étoit un Cabaret, mais qui reffemble mieux à la Maifon d'un Curieux, qu'à la Taverne d'un Vendeur de Bierre ; des peintures à frefque, des tableaux, dont plufieurs bons, un jardin en bofquet, décoré par des Ifs de toute forme & de toutes hauteurs, &c.

Nous arrivames à Anvers après midi ; l'Hôteffe de Malines nous avoit indiqué l'Auberge Saint-Antoine ; c'eft la meilleure, mais malheureufement une Caravanne d'Anglois l'occupoit ; nous étions dix, tant Maîtres que Domeftiques, & nous avons reconnu quelquefois, du moins en cela, l'inconvénient du grand nombre.

Nous fumes dîner dans une autre Auberge affidée à la Diligence, à l'enfeigne de la Ville de Bruxelles ; Dieu préferve de ce gîte tout honnête Etranger, furtout quand une fort jolie Marianne qui y eft encore, n'y fera plus. Nous ne demeurames pas long-temps fans trouver des Confeils & des Guides ; on rencontre là, comme à Bruxelles, de ces Valets libertins, qui viennent s'offrir aux Arrivants, qui fçavent parler la Langue Flamande & Hollandoife, qui menent les gens, & les fervent à trois Efcalins par jour, en Hollande, ou ailleurs, à condition de ne s'attacher à perfonne, & d'efcamoter même quelque chofe en chemin s'il fe peut.

On nous apprit qu'au Cabaret attenant nous ferions bien ; en effet ce fut un , de dîner, de payer, & d'aller fe loger au bon Laboureur.

La chaleur alors , nous empêchant de fortir; nous primes garde que cette Auberge eft fituée dans une rue plus large que celle du Fauxbourg Saint Antoine ; elle a l'air d'une place ; on y voit un Crucifix de bronze de trente pieds de hauteur, fur un pied-d'eftal de marbre. C'eft-là que fe donne le rendez-vous public pour la promenade du foir, & qu'on s'inftruit les uns & les autres de l'argent qu'on employe en caroffes & en chevaux.

On les voit ces caroffes, des fenêtres de l'Auberge, paffer fans ceffe & repaffer , dans cette grande & large rue, qui aboutit à deux ou trois autres, belles de même. Tout cela décrit une efpece de cercle, que le beau monde d'Anvers parcourt religieufement.

Ce beau monde ne renferme rien de joli : il fe trouve dans la Ville d'Anvers, telle Boutique, d'où la Fille, ou même la Servante, feroit meilleure à mener promener, que les Dames qui y font les plus confidérables.

Nous fumes voir la fameufe Cathédrale Nôtre-Dame; on affûre que cette Eglife eft longue de plus de 500 pieds, large de 230, haute de 360, & que la Tour s'éleve encore plus de 100 pieds au-deffus ; elle eft magnifique ; fes nombreufes Chapelles font toutes en marbre ; par-tout des colonnes de marbre blanc, des baluftres, &c. Il étoit cinq heures du foir quand nous y entrames ; on faifoit alors un Office mortuaire, je ne fçais en faveur de qui ; cela fe chantoit en mufique ; nous ne comprimes pas bien ce que l'on vouloit dire.

Nous entrames dans ce qu'on appelle la Bourfe ; c'eft une colonnade de pierre noire, qui fupporte une efpece de gallerie ; ce n'eft pas chofe rare.

On ne manque point à Anvers d'aller voir l'Eglife des Jéfuites ; elle eft belle ; mais ce qui doit attirer les Curieux, c'eft le fameux tableau de l'Annonciation, de Rubens. Ce tableau fut, dit-on, fon chef-d'œuvre & fon amour. Cela fe conçoit bien ; il a eu l'art de peindre une Vierge, dont toute la figure charme & faifit ; qui raffemble à la fois l'excellence de la beauté célefte, avec tout l'intérêt, tout le piquant de l'humanité.

L'Hôtel de Ville eft voifin de la Cathédrale, il eft dans une grande place, il eft beau ; nous ne l'avons point vu en dedans ; nous étions raffafiés de ce genre de curiofité.

Il y a dans cette Ville de bons cabinets de tableaux, & plufieurs à vendre ; ce ne font pas les meilleurs ; nous fumes chez un gros Marchand, il n'avoit pour la plûpart que des grotefques que je n'aime point ; quelques morceaux pourtant fort agréables & dans le goût de la belle nature ; mais d'un prix ridiculement cher, & qui ne peut convenir qu'aux Porteurs de Guinées.

Il fallut bien fe mettre au fait auffi du prix des dentelles, qui font aujourd'hui le plus gros objet du commerce d'Anvers, car Amfterdam a eu égard à cela.

Ces dentelles me parurent cheres, comme les tableaux ; je n'en fus point tenté.

Anvers fournit, comme Bruxelles, non pas des Fia‑
cres, mais quelques Caroſſes de Remiſes très-propres,
à 6 eſcalins pour l'après-dîner, 12 pour le jour ; ils ſont
très‑néceſſaires, car la Ville eſt fort grande, plus que
celle de Bruxelles.

Non-ſeulement elle eſt grande, mais elle conſerve
encore des reſtes de ſon ancien luſtre : la Riviere de
l'Eſcaut en lave les murs ; elle y forme un Canal im‑
menſe, qui ſe jette dans la Mer à 15 lieues de-là. Les
Quais en ſont magnifiquement beaux ; nous y fumes,
nous nous y promenames. On ne peut que plaindre
le ſort d'une Ville, quand on la voit dans un auſſi
grand revers ; il n'y avoit dans ce beau Port que cinq
ou ſix petits Bâtiments de cabotage ; cela faiſoit dou‑
leur & pitié ; mais pourquoi s'affliger ſur Anvers, di‑
roient la Grece & l'Italie : elles auroient raiſon, tout
ici-bas n'eſt que paſſage & ſucceſſion. Amſterdam aura
beau faire, il aura ſa part des révolutions, qui tôt ou
tard ſont inévitables : tel Village qui n'y penſe pas, lui
fera payer un jour tout ce qu'il coûte à Anvers aujour‑
d'hui.

Nous trouvames au grand Laboureur, entr'autres
Voyageurs, deux Allemands, qui faiſoient notre route ;
nous nous joignimes à eux, & après un jour de ſéjour,
après nos dettes payées de 3 Eſcalins (*) par repas, de

(*) *Nota.* L'Eſcalin vaut tantôt 10 ſols de France, tantôt 12
ſols 6 deniers.

8 fols par lit ; nous partimes d'Anvers le Mercredi 18 Juillet.

Les voitures ordinaires d'Anvers à Rotterdam , font de francs chariots , très-rudes , & quelques gens même ne les foutiennent pas ; il en coûte une piftole d'Efpagne par tête ; ces chariots contiennent fix perfonnes; mais lorfque quatre fe préfentent , l'Ordonnance du Pays veut qu'ils marchent. Outre ces chariots , il faut être informé que les Loueurs de caroffes de Remifes ont un droit de fervir alternativement chaque jour , l'un après l'autre , les Voyageurs. Quatre perfonnes peu· vent prendre une Berline, & fe faire mener au Mordik, à 15 lieues de-là, pour ce qui leur en coûteroit en prenant le chariot de la Diligence, qui mene d'Anvers à Rotterdam, à cinq lieues par de-là le Mordik.

Je ferois bien embarraffé de choifir , fi jamais j'allois en Hollande par cette route. La régle eft, qu'une Berline vous mene jufqu'aux Mordik, & qu'elle vous y laiffe ; vous paffez les eaux de la Meufe ; vous trouvez à l'autre bord des chariots, vous en faites atteler un, qui en quatre heures de temps, & pour 4 Florins par tête, peut vous mener à Rotterdam.

Pendant que ceux qui viennent par la Diligence ordinaire d'Anvers à Rotterdam , trouvent de l'autre côté du Mordik, un autre chariot tout prêt qui les attend, qui les mene tout de fuite , comme fi c'étoit le premier & le même, fans avoir à payer autre chofe que la Piftole d'Efpagne, donnée d'avance au départ d'Anvers: dans un moment je vous rendrai compte de l'inconvénient où fe trouvent les Voyageurs, lorfqu'ils font comme nous.

Nous primes une Berline d'Anvers à quatre chevaux, & malgré les fables, où des chevaux de pofte de France n'auroient été qu'au pas, du moins pendant plus de fix heures de chemin, ceux-là nous menerent jufqu'au Mordik au grand trot, & plus vîte qu'on ne va d'ordinaire en Chaife de pofte ; nous y arrivames fur les quatre heures du foir après avoir dîné à rrois lieues en deçà, dans un affez mauvais Cabaret de la route.

Ce Mordik eft un petit Village fur le bord de l'eau ; le Brabant fe termine là, de l'autre côté eft la Hollande. On dit le paffage dangereux, cela peut être en de certaines faifons, & je ne fçais pas quelle fut celle que le Prince Jean-Guillaume de Naffau prit pour s'y perdre il y a vingt ans : mais on m'a dit que le mauvais temps n'y avoit eu nulle part ; que ce fut fa faute d'avoir voulu obftinément fe tenir dans fa Chaife de pofte, & qu'un cordage dans la manœuvre l'avoit renverfée.

Quant à moi, cette efpece de petite Mer ne me fit pas plus d'impreffion que m'en a fait la riviere de Bordeaux, ou tout au plus le bec d'Ambés : pour peu qu'il y ait de vent, on la paffe dans une demie-heure ; nous en employames beaucoup plus, le calme en fut caufe.

Nous mimes pied à terre enfin, & entrames dans un Village Hollandois, dont Dieu me garde de rappeller le nom ; l'on tombe là comme à mille lieues de chez foi. (Je parle principalement des hommes) Vous remarquerez fur la route de France ici, des nuances

d'une

d'une Ville à l'autre, qui par leurs gradations vous amuferont fans beaucoup vous étonner. Lille , Bruxelles, Malines, Anvers, vous préfentent par dégrés quelques ufages, quelques idiomes différens, de bonnes gens par-tout, & jufqu'au Mordik ; mais rien de tout cela ne vous annonce ce qui vous attend de l'autre côté de l'eau : je veux dire une Canaille matelotte & palefreniere, brutale, infolente & voleufe, fort affligeante pour les honnêtes gens qui y débarquent. Vous en conviendrez.

Les deux Allemands rencontrés à Anvers , dont j'ai parlé, marchoient par le Chariot ordinaire, qui contient fix perfonnes, & n'étoient que deux ; nous étions nous autres quatre d'une part , venus en Berline jufqu'au Mordik, & fept d'une autre , tant Maîtres que Domeftiques, y compris un Valet de louage à cinq efcalins par jour, qu'on nous avoit confeillé de prendre à Anvers, pour nous fervir d'Interprête ; il nous fut bien néceffaire dès notre débarquement dans ce Village ; il s'agiffoit de demander des Voitures , d'en difcuter les prix ; & nous ne laiffames pas , malgré ce fecours , de nous trouver dans de grands embarras. Plufieurs Cochers fe préfenterent avec des Chariots tout attelés ; ils nous propoferent avec amitié (ces Coquins) de monter dans le Chariot ordinaire de la Diligence , où étoient les deux Allemands , & où il y avoit , difoient-ils, quatre places à remplir ; nous y montames comme des dupes, M. Dupleffis & moi, avec deux Domeftiques ; ce fut alors que bon-gré, mal-gré, on nous fit payer 26 florins pour premier vol ; pendant que, fuivant l'Ordonnance,

G

cette fomme fuffit pour faire marcher deux Chariots de ce Village à Rotterdam. Ce ne fut pas tout, les fept perfonnes reftantes ne purent obtenir d'aller qu'en prenant deux autres Chariots, & ces Chariots furent payés chacun au même prix, quoique fuivant le même Reglement, un feul eut pû fuffire pour fix, auquel cas le feptieme, ce Valet de louage, feroit venu en Barque, ou à pied, comme il nous le dit après de fort bon cœur.

Cependant le temps preffoit, il étoit déja cinq heures du foir; il falloit fe dégager des griffes de ces Bufes. Nous partimes dans ce Chariot infernal, & par un train de pofte nous arrivames devant Rotterdam fur les neuf heures. C'eft la plus longue & la plus trifte journée que nous ayions faite, & qu'on puiffe faire; malgré la vîteffe de nos chevaux, nous y employames au moins 14 heures de marche ; elle eft plus forte que celle de Maftrecht, où l'on compte vingt lieues.

Arrivés devant Rotterdam, on n'y eft pas encore; il refte à paffer la Meufe qu'on y trouve qui baigne les Boulevarts de cette Ville, & y envoye des canaux dans la plûpart des rues.

Nous fumes une grande demie-heure à paffer parmi un tas d'hommes, de femmes de toute efpece, fales, vilains & défagréables à l'excès.

Nous tombames enfin à dix heures du foir dans Rotterdam. Autre inconvénient; les portes fermées, & de l'argent pour entrer, 2 fols par tête, après en avoir payé cinq autres pour paffer l'eau. J'obferve qu'à tous ces paſſages le Porte - manteau paye autant que ſon Maître.

Il fallut traverſer toute cette Ville; elle nous parut immenſe à la traverſer à pied, ſouvent par des petites rues où nous portions le ſcandale à tous les gens qui nigaudoient ſur le pas des portes ; ils nous faiſoient mille affronts ; ils nous prenoient pour des Soldats de recrue, tantôt pour le Guet ou la Patrouille , tantôt pour des Juifs , & en conſéquence nous appelloient Bourreaux de Dieu , ce qui ne laiſſoit pas d'être bien déſagréable pour des Catholiques , les ſeuls préciſément de la croyance deſquels Dieu ait lieu d'être ſatisfait.

Enfin nous touchames les murs du Cabaret , au Maréchal de Turenne ; nous étions bien las , bien haraſſés , dans un égal beſoin de manger & de dormir; l'Hôte & l'Hôteſſe aſſurerent notre Interprête qu'ils ne demandoient pas mieux que de nous retirer, mais que cela ne ſe pouvoit alors, la maiſon étant pleine , de maniere qu'à peine pouvoit-on fournir deux lits.

Ces deux lits furent adjugés à M. Dupleſſis & à moi ; nos Compagnons furent ailleurs chercher retraite ; il étoit dix heures du ſoir ; on ſoupe peu dans la Hollande ; la plûpart des Auberges étoient fermées ; ſans un Garçon de la nôtre, ces Meſſieurs auroient pû ne ſouper que le lendemain ; mais il les fit loger à la Tête de Cochon dans notre voiſinage, & à la fin ils ſe trouverent bien, & mieux que nous.

Le lendemain matin, Jeudi 19 Juillet, nous ouvrimes

de grands yeux fur cette Ville ; nous la parcourumes, M. Dupleſſis & moi ; elle a des beautés que Bruxelles n'a point.

Venant de France, on admire à Bruxelles le Canal & ſes bords plantés comme ils ſont. Il y en a dans Rotterdam cinquante , & pluſieurs plantés de même.

Toutes les grandes rues ſont des quais , ſur ces quais ſont bâties de grandes maiſons, dont le rez-de-chauſſée fait le magaſin ; elles ont toutes le ſeuil de marbre , l'eſcalier qui monte au péron , le péron , la baluſtrade & les bancs qu'on y voit, ſont preſque par-tout de marbre auſſi ; & c'eſt de-là qu'Iſaac un tel , fume ſa pipe , aſſis bien tranquillement, & voit venir chez lui tous les fruits de la terre.

Les maiſons de Rotterdam, comme de toutes les Villes de Hollande, les anciennes maiſons. ſur-tout , penchent en avant; cela frappe d'abord , cela étonne & choque les yeux. On croiroit que c'eſt par la défectuoſité des fondemens , & conſéquemment, que la plûpart de ces maiſons ſont à la veille de leur chûte ; mais on m'a aſſuré qu'elles étoient ſolides , & qu'on leur donne cette pente exprès , pour que les pluyes fréquentes qui tombent en ce Pays-là , ayent moins d'action ſur les murs, pour qu'elles y ſéjournent moins, & qu'elles ne les endommagent pas tant. Si c'eſt une raiſon, à la bonne heure ; ſi c'eſt une opinion de Pays , tout de même, je ne blâme rien; les hommes réciproquement, ont bien d'autres opinions à ſe paſſer.

Le Port de Rotterdam eſt plus beau, & plus ſûr

qu'aucun de Hollande ; si cette Ville n'étoit point su-
bordonnée à celle d'Amsterdam , elle lui enleveroit la
meilleure partie de son commerce. Les Vaisseaux Marchands les plus gros y entrent librement, sans incon-
venient , déchargent & rechargent de même, & dans
quatre jours on peut les expédier. Le Port d'Amsterdam n'est point aussi sûr, & on est obligé , pour y arriver, d'aller mouiller au Texel , d'y attendre le vent, qui
est rarement bien favorable.

De plus, j'ai appris qu'il faut aux gros Bâtimens des
alléges pour entrer devant Amsterdam , même quelque
fois des Vaisseaux vuides pour les élever , pour qu'ils
ne s'engravent point.

Les gens d'Amsterdam ont toujours craint l'effet de
cette différence, & toujours ont pris des mesures là-
dessus.

Les lettres, par exemple, d'Angleterre, n'y peuvent
arriver aussi-tôt qu'à Rotterdam ; il y a plus de six heures de temps à perdre ; six heures & quelquefois plus,
dont ceux de Rotterdam profiteroient fort bien, si on
les en laissoit maîtres ; arce que recevant les premiers
avis, leurs opérations précéderoient naturellement celles
d'Amsterdam, qui n'entend pas cela ; c'est pour cette
bonne raison que les lettres arrivées à Rotterdam, à
quelqu'heure que ce soit, ne sont distribuées que plus
de quatre heures après.

Il y a entre ces deux Villes une concurrence qui va
jusqu'à la haine ; les Commerçants de l'une & de l'autre se chassent & se débusquent réciproquement de

tout leur cœur ; on nous a même conté fur cela quelques faits, qui font préfumer que fi Amfterdam pouvoit, il détruiroit le commerce de cette feconde Ville d'Hollande, comme il a détruit celui d'Anvers.

On éleve actuellement à Rotterdam un grand édifice en pierre de taille ; ce fera la Bourfe. Les derrieres de ce Bâtiment fur pilotis font baignés par un Canal ; on y arrive par une petite place qu'on pourroit prendre pour un carrefour.

Près de-là, fur le grand Pont de la Meufe, eft la Statue d'Erafme, tenant un Livre à la main ; elle eft de bronze pofée fur un pied-d'eftal de marbre, environné d'une baluftrade de fer ; ce n'eft rien de merveilleux.

Comme toutes les grandes rues font des canaux, il n'eft pas furprenant de voir une infinité de pont-levis pour les traverfer ; ces canaux font plus ou moins larges : il y entre des Bâtiments de toute efpece, mais les plus gros Vaiffeaux peuvent pénétrer jufques dans le cœur de la Ville, à la faveur d'un canal très-profond, qui les fait fortir de la Meufe, & les amene dans la Ville, & les fait enfuite retomber dans la Meufe à cinq ou fix lieues de la Mer.

Nous fumes voir un Temple de Proteftants à quatre heures après-midi, temps auquel fe rendoient les gens pour entendre la prédication ordinaire. Nous y entrames comme tout le monde fait, le chapeau fur la tête ; nous en fortimes de même peu fatisfaits de notre curiofité ; au contraire, le cœur ferré de voir là une troupe

d'hommes & de femmes affemblés, pour y faire des
Actes d'une Religion & d'une dévotion qui leur fera
fi peu de profit.

Je voulus faire dans la Ville quelques emplettes ;
mais le hazard me fit tomber chez des Marchands qui
ne m'entendoient pas.

J'avois une lettre d'un Banquier d'Anvers pour M. Cof-
fart, autre Banquier de Rotterdam ; je ne connoiffois
le Banquier d'Anvers, nommé M. Petiers, que par une
autre lettre de recommandation de notre Envoyé de
France à Bruxelles.

Je fus trouver celui-ci avec confiance ; il me reçut
poliment ; il m'offrit du thé, fuivant l'ufage du Pays ;
je crus l'occafion bonne pour lui conter mon affaire,
& pour voir avec lui les moyens d'en avoir raifon ; je
veux dire le vol qui m'avoit été fait par ces Voituriers
du Mordik ; mais il me laiffa tout dire, & me confola
fimplement, en me difant que cela étoit fâcheux &
défagréable : que dans tous les pays du monde les
Etrangers étoient expofés à bien des inconvéniens.
Vraiment, Monfieur, lui dis-je, il n'y en a point où
les Etrangers ayent plus à fouffrir qu'ici ; j'aurois été
mieux reçu à Malabar. Je le crois bien, reprit-il, Monfieur, vous parlez là d'un Pays que nous connoiffons,
où nous allons ; d'un Pays où l'on va defcendre dans la
premiere maifon, & où l'on fe fait fervir comme chez
foi ; d'un Pays ou entr'autres chofes, le pucelage eft
en horreur, où les Etrangers qui arrivent fe font prier,
fe font payer pour ôter cette tache aux jeunes filles qui

les environnent, & qui les implorent à cet effet. Mon cher Monfieur, repliquai-je, n'y a-t'il point de Vaiffeaux prêts à partir pour ce Pays-là ? Monfieur, dit-il, il en partit hier un.

Je quittai mon homme; je fus me coucher; je m'endormis, & paffai à Malabar toute ma nuit.

Le lendemain Vendredi, à fix heures du matin, nous primes la Barque ordinaire qui va de cette Ville à la Haye; il en part à toutes les demie-heures du jour & de la nuit; elles font reglées, exactes à la minutte, tant pour le départ, que pour l'arrivée; on fonne une cloche, & l'on démarre; on ne retarderoit pas pour le Roi de Pruffe; je dis le Roi de Pruffe, parce qu'il vient quelquefois de fon pays dans celui-là *incognito*, & qu'on le voit paffer dans ces mêmes barques, à côté de tous ceux qui veulent y être, & qui pour cinq fols y ont tout autant de prérogatives que lui.

Elles font couvertes, nettes & propres; car tout eft net en Hollande, à l'exception feule des gens. Il y a pourtant dans ces Barques un petit retranchement, où l'on peut fe retirer fix, féparément du refte, en le retenant tout entier, pour 15 ou 20 fols du pays, ou en payant feulement 2 fols par tête d'augmentation.

Ces Barques ne vont pas de Rotterdam à la Haye; elle reftent à moitié chemin; elles vont à Delft feulement.

Delft eft une grande Ville, qu'on n'a pas le temps de connoître quand on ne fait que la traverfer : elle eft bâtie fur le modele des autres, des rues larges,

des

des Canaux , des Ponts, des Maisons de Brique qui se présentent presque toutes par le pignon, & des pignons terminés par des minarêts. On y remarque un beau Clocher, & dans ce Clocher un millier de Cloches de toutes grandeurs ; cela fait , dit-on, le plus beau Carillon de toute la Hollande.

Il est à remarquer qu'il n'y a point dans tout ce pays-là de sonneries ; mais qu'il n'y a point aussi d'Horloge sans Carillon ; que l'on n'y entend pas sonner d'heure, de demie ni de quart , qui ne soient précédés de nos Vaudevilles François ; j'y ai entendu les Bergeries de Couprin : ces Carillons flattent fort l'oreille des Hollandois. Quant à moi, je les trouve tout aussi importuns que les sonneries de nos Eglises. Tout son de cloche me paroît si lugubre , si gémissant, & , si cela se peut dire, si malade, que je ne le crois imaginé que pour l'affliction du genre humain.

Nous entrames dans un autre Temple qui se trouva à notre portée ; nous y vimes des tombeaux de marbre, de la Comtesse d'Essex, de l'Amiral Tromp, & de quelques autres, ausquels nous souhaitames toutes sortes de prospérités.

Il fallut traverser cette Ville , qui est très-longue. Il y avoit au bout un autre Canal & une autre Barque qui nous attendoit, & qui partit l'instant d'après ; les Passagers ont une demie-heure de temps juste pour passer d'une Barque à l'autre ; ç'en est autant qu'il en faut ; un quart d'heure suffiroit.

De Delft à la Haye on ne peut imaginer combien

H

les bords du Canal qui y mene font parés & embellis.
J'ai tâché d'écrire exactement la plûpart des chofes qui
nous ont paru dignes d'attention jufqu'ici ; mais pré-
fentement je m'y perds. Lorfqu'on eft en Hollande, on
a les yeux trop continuellement occupés , il faudroit
de plus des Volumes pour énumérer les Châteaux, les
Pavillons , les Jardins, qui fe préfentent de tous côtés.
Chaque Canal paroît être fait pour le plaifir d'un Souverain, pour baigner les murs de fes Maifons & celles
des Gens de fa Cour ; il n'y a qu'à imaginer toutes
les Maifons de campagne des environs de Paris, bâties
& alignées le long d'un Canal, ou de plufieurs Canaux,
toutes voifines & attenantes , on jugera du fpectacle
qu'auroit un Paffager dans fa Barque, on jugera combien
il feroit frappé de voir à droite & à gauche toute cette
décoration.

Nous arrivames à la Haye, fuivant la regle, en cinq
heures de temps, à onze heures fonnantes. La meilleure
Auberge de cette Ville eft au Parlement d'Angleterre ;
ce font des François réfugiés ; ils font de Blois : nous
y fumes fort bien reçus , malgré le grand monde qui
y étoit déja. On y dîne à table d'Hôte à un florin par
tête ; l'ufage dans prefque toute la Hollande eft de ne
fouper point, auffi ne trouve-t'on gueres de table d'Hôte
le foir. Mais comme entre fept que nous étions nous
pouvions en compofer une, les Aubergiftes y confen-
toient pour quatre à cinq fols par tête de fupplément.
Je ne confeillerois point à un Voyageur feul de continuer l'ufage de fouper qui regne en France ; on lui

donneroit un souper léger qu'il payeroit beaucoup.

Outre ce florin par tête, qui revient à 40 sols de notre monnoie, on paye par-tout le louage des lits, sur le pied de six, huit & dix sols argent du pays.

Aussi-tôt arrivés, & ayant le temps d'attendre l'heure du dîner, car on dîne tard, à la Haye sur-tout; nous primes le parti de faire une promenade sur le bord de la Mer; elle n'est qu'à trois quarts de lieues de cette Ville; une belle allée de tilleuls y conduit; elle forme une espece de berceau, & ce berceau aboutit au Village de Skeveling.

Skeveling est habité par des Pêcheurs, & par beaucoup de Cabaretiers; on y va voir la Mer, comme on va de Paris à Saint Cloud voir la riviere; c'est-à-dire, souper en Guinguette.

Il y en a deux ou trois au bout de ce Village, d'où l'on découvre la Mer fort bien, & où nous avions projetté de venir, mais d'autres soins nous détournerent.

Le Clocher étoit il y a cent ans au milieu du Village, & le Village même n'étoit pas fort près de la mer; mais elle a depuis si bien gagné peu à peu, que le même Clocher se trouve au bout, & le termine aujourd'hui, & qu'on juge déja que bien-tôt il se détruira comme ont été détruites les maisons qui le précédoient.

J'ai oui dire sur toute la côte de la Manche, que la Mer gagne les terres; on m'a dit, ou plûtôt j'ai vû, qu'en Provence, sur la côte de la Méditerranée, la Mer se retiroit; ici-bas rien de perdu.

On venoit alors de pêcher un Poisson qui n'est pas

commun ; le Pêcheur nous le fit voir ; il eſt à peu près de la forme d'un Turbot, ayant une petite gueule de Lapin, mais point de queue.

L'air de la Mer nous fit ſonger au dîner. Nous avions marché plus d'une heure ; le retour à pied nous inquiétoit, mais heureuſement pour ceux qui tombent en ce cas, on trouve ſur le chemin continuellement des Chariots qui vont & viennent à Skeveling ou à la Haye, qui menent ſix perſonnes, pour la valeur de trente ou quarante ſols de notre monnoye ; nous en primes ſans balancer.

Nous rencontrames en chemin deux Meſſieurs qui revenoient auſſi. Nous fumes ſaiſis d'étonnement & de joye de reconnoître qu'un d'eux étoit M. Hamon, jeune Gentilhomme Anglois de beaucoup d'eſprit, que j'avois vû quelquefois à Paris, & que je regrettois encore, quand je le trouvai là. Il vint nous joindre à l'Auberge ; dès ce moment il fit corps avec nous, & ne nous quitta plus qu'à Calais, où il s'eſt embarqué pour Londres.

Ce jour-là il y avoit à la Haye beaucoup d'Officiers des Troupes Hollandoiſes, à cauſe d'une promotion qui ſe devoit faire ; nous dinames dans notre Auberge avec quelques-uns.

L'après-dînée nous parcourumes les rues de la Ville, & fumes enſuite à la Comédie ; il y en avoit deux à la Haye pour lors ; cela peut s'appeller deux Troupes d'Opérateurs ; pas un n'y ſçavoit prononcer le François ; l'illuſtre Hamoche y chantoit, & nous n'y pumes tenir. Le lendemain matin Samedi, je fus voir M. de Fenelon,

Ambaffadeur de France, pour lui rendre une lettre de fon Beau-frere M. de Beaupré, Intendant de Champagne ; je ne pus avoir l'honneur de dîner avec lui, ayant donné parole à mes Compagnons de les venir rejoindre.

La Ville de la Haye, que les Hollandois appellent Bourg, eft belle, grande & bien bâtie. C'eft la feule qui nous ait paru s'éloigner du modele des autres. Outre les Canaux qu'on y voit, on y remarque plufieurs Places, dont quelques-unes font fort fpacieufes ; d'autres plantées d'arbres, qui forment des promenades, & une efpece de Cours dans le cœur de la Ville. Ce Cours vous amene à une piece d'eau quarrée de deux cens pas de longueur ; tout cela entouré de magnifiques maifons. Celle de M. le Comte de Vaffenaer, qui n'eft pas bien loin de là, feroit trouvée belle à Paris, & même à Rome. Je fus pour le voir, lui étant recommandé par M. Crozat ; mais l'Affemblée des Etats l'occupoit comme Membre ; je ne le trouvai point.

Les Etats Généraux s'affemblent à la Haye dans un affez grand corps de bâtiment, fimple, & qui ne demande pas grande obfervation.

Ils repréfentent là les fept Provinces de Gueldres, Hollande, Zutphen, Utrecht, Frife, Over-Iffel & Groéningue, qui toutes enfemble, du Sud au Nord, ne font pas cinquante lieues de terrein. Chacune de ces Provinces envoye à la Haye fes Députés ; chacune à fon tour & par femaine, a droit de préfider à cette Affemblée générale ; & cela fe paffe encore, j'entens fur ce qui regarde le foutien de la République, dans le même efprit de force & d'union qui raffembla en 1579, les Habitans de ces mêmes fept Provinces, ou leurs Députés à Utrecht : car l'objet eft aujourd'hui, comme en ce temps-là, de maintenir invinciblement les engagemens réciproques qu'ils fe font une fois donnés; de regarder les fept Provinces-Unies, comme un feul Etat Républicain, de conferver à toutes leurs différents Priviléges ; de traiter comme un ennemi commun quiconque en troubleroit une, d'employer leurs biens & leurs vies contre lui ; de ne faire ni guerre ni paix fans le confentement unanime ; de permettre l'exercice libre de toutes les Religions, à l'exception de la Catholique feulement, &c.

Là autrefois affiftoient les Princes d'Orange, revêtus du titre de Stadthouder, ou Gouverneur Général; le dernier fut celui qui régna en Angleterre fous le nom de Guillaume III. qui y mourut en 1702. La charge de Stadthouder eft tombée avec lui, il s'en eft élevé une autre; c'eft celle de grand Penfionnaire : on y a anciennement attaché la petite humiliation de ne lui donner féance qu'après le dernier Député ; mais il s'en dédommage bien en premier Miniftre, qu'il eft à l'égard de toute affaire, dans toutes les Affemblées qui fe tiennent, & pendant tout le temps de fa vie. M.... remplit cette place aujourd'hui ; on lui porte une eftime, qui va jufqu'à la vénération.

Il y a à la Haye un Confeil d'Etat, où font portées toutes les affaires majeures, & où l'on tient la main à l'exécution de toutes les délibérations prifes par les Etats Généraux. Puis différens Tribunaux de Juſtice, de Police, dont je ne ferai point le détail, parce que cela ne m'amuſeroit pas.

On me conſeilla d'aller au Spinheus, curioſité qu'on propoſe à tous les Voyageurs ; j'y fus avec trois ou quatre des nôtres ; j'étois aſſez mal informé de la régle de ce Couvent ; je ne le ſuis pas bien encore ; mais voici ce que j'en ai vû.

On ſonna à la porte ; la Tourriere ouvrit, reçut un demi-eſcalin par tête, & fit ſigne de monter ; il y a des Parloirs en deux ou trois Corridors au premier ; nous entrames dans le Corridor où le bruit nous appella. On ne voit point dans ces Parloirs de grilles de fer, ce ſont des barreaux de bois à quatre pouces de diſtance les uns des autres, qui ne ſont point même traverſés ; de plus, à hauteur de ceinture, eſt une couverture plus grande, & qui peut ſervir à paſſer un baſſin bien garni.

Nous entrames dans ce Parloir, y fimes la révérence à huit ou dix Demoiſelles qui nous parurent des Penſionnaires, & qui étoient bien vêtues. Ce Parloir étoit leur propre chambre ; nous en jugeames ainſi, par trois ou quatre lits qui y ſont.

Ces Demoiſelles étoient alors occupées à broder ou à faire de la Dentelle ; elles quitterent bien-tôt l'ouvrage, pour venir recevoir nos complimens ; toutes Filles de Couvent ſont aiſées à diſtraire. Un des nôtres... s'approcha, porta la parole ; mais quelle ſurprife, lorfqu'une de ces Demoifelles, paffant les bras par les barreaux, le faifit, l'attira avec violence, & lui fit un baifer fi prefte, qu'il n'eut pas le temps de le fentir.

Il eft aifé de penfer quelle auroit pû être la fuite de cette premiere cérémonie ; on en jugera mieux encore, quand on fçaura que ce Couvent, où les chofes fe paffent tout au moins comme je viens de dire, renferme des filles de force pour un an, deux ans, dans la vûe de les retirer du libertinage & du fcandale. Il eft en vérité bien louable, de rendre les Voyageurs témoins d'une fi belle police ; de les inftruire comme on fait là, des occupations & des exercices de cette Communauté, & de la maniere dont on y remplit bien tout l'objet de l'établiffement.

Car je ne puis m'en taire ; c'eft une merveille que de voir le manége de ces Filles au travers des barreaux ; leur agileté, leur adreffe à s'emparer d'un homme, s'il n'eft pas bien fur fes gardes ; leur légéreté à monter fur l'entablement, lorfqu'il fe trouve de ces gens réfignés à la maniere du Barnabite de Rouffeau ; il faut l'avouer, nous n'avons rien vû dans toute notre route de plus curieux, ni qui puiffe remplir les Voyageurs d'une édification auffi particuliere.

Le Château de Neubourg, près de Rifwich, Village que les Traités de 1697 ont rendu célébre, eft fitué entre Delft & la Haye, on l'apperçoit fur la gauche ; nous avions projetté ce jour-là même, d'aller le voir, d'autant que ce n'eft qu'une promenade. Je ne fçais

comment

comment cette journée fe paffa en babioles, nous n'en eumes pas le temps. C'eft, dit-on, un gros Pavillon, communiquant à deux petits, qui font à fes côtés par des galleries ; le tout d'une architecture agréable ; un petit Bois fervant d'avant-cour, avec un Jardin derriere, fpacieux & bien tenu.

Le lendemain Dimanche, il y avoit Meffe chez les Ambaffadeurs de France & de Portugal ; mais nous préférames d'aller l'entendre dans l'Eglife des Janfé-niftes.

Elle eft appellée de ce nom, parce qu'elle dépend toujours de l'Evêché d'Utrecht. Le Chapitre d'Utrecht ayant voulu, comme le Chapitre de Liége, fe choifir un Evêque, a nommé celui qui eft en place aujour-d'hui ; mais le Pape ne l'ayant pas reconnu, quoique facré par l'Evêque de Babilone, les vrais Catholiques Romains fe font féparés de lui, qui a pris fon parti là-deffus, & qui fubfifte de même malgré fa difgrace.

C'eft à l'ombre de fon indépendance que les Char-treux de Paris ont trouvé afyle à Utrecht, & que l'Eglife des Catholiques de la Haye, fe foutient fous le nom de Janféniftes qu'on lui a donné.

Elle n'en dément pas le nom ; premierement, on n'y voit ni tableaux, ni images : de plus, c'eft que près de-là, eft une Eglife toute Romaine, gouvernée par le Miniftre du Pape réfident à Bruxelles ; & les Prê-tres de ces deux Eglifes ne fe communiquent point ; non-feulement les Prêtres, mais les Chrétiens qui y font habitués. Sur quoi l'Eglife Janfénifte dit : notre Evêque

eft facré ; le Pape n'eft pas en droit de le méconnoî-
tre ; il eft en cette qualité, notre Supérieur & notre
Maître, & nous lui fommes foumis. L'autre répond ;
il ne l'eft votre Supérieur que dans l'ordre Hiérarchi-
que, fuivant lequel le Pape eft Supérieur à tout : donc
vous devez vous foumettre en tout ce que Sa Sainteté
preferit & commande, comme nous faifons. Le Pape
n'autorife point la nomination de votre Evêque, le
Siége pour nous eft fenfé vacant, & un Vicaire Apof-
tolique nous gouvernera.

Nous n'avons pas cru, nous autres, qu'il fût à propos de refter à la Haye tout le temps qu'il auroit fallu
pour voir terminer cette querelle.

Au retour, M. Hamon nous amena le Compagnon
de promenade avec lequel nous l'avions rencontré fur
le chemin de Skeveling ; c'étoit M. de la Motraye,
Voyageur fameux en Turquie, Mofcovie, Laponie, &c.
Il étoit à la Haye, pour y faire imprimer un troifiéme
Volume de fes Voyages ; il dîna avec nous, & nous
en entretint long-temps ; il fe plaint aigrement de
Jhonfon & Vanduren, qui ont imprimé fes deux premiers Tomes ; il leur impute une mauvaife foi très-
condamnable, tant à l'égard du traité fait avec eux,
pour les frais de l'impreffion, où il a été furpris & lézé,
qu'à caufe de plufieurs notes, augmentations ou retran-
chements, qu'ils ont faits, de leur autorité, fans lui en
rien dire, & qui rendent confufes, même contradic-
toires, plufieurs obfervations qu'il a faites. Il en a porté
fes plaintes ; il m'en donna le Factum, qui renferme

en même-temps un errata : tout cela lui a appris à mieux prendre fes mefures pour la fuite ; & en effet, il fait imprimer fon troifiéme Volume in-folio, à fes frais & fous fes yeux ; il le dédie à Milord Cherfterfield que j'ai eu l'honneur de voir à la Haye. Il ne pouvoit pas choifir un plus digne Patron.

Pendant cet entretien, M. de la Motraye nous trouva à fon gré; il n'eut pas le courage de nous voir partir fans lui; il fe mit dans la Barque, & nous vint accompagner jufqu'à Leyde, où nous arrivames en quatre heures de temps. Leyde n'eft pas à quatre lieues de la Haye.

Cette Ville fe préfente bien par de beaux Remparts, des Foffés bordés d'arbres. Elle eft fituée fur le Rhin qui y paffe, qui y diftribue une infinité de branches ou canaux bien revêtus & bien tenus. L'eau pourtant croupiffoit dans plufieurs de ces canaux, leurs exhalaifons étoient incommodes; ce qui nous fit préfumer d'abord que le Commerce à Leyde ne devoit pas être extrêmement vif. Cela nous frappa : & en effet au fortir de la Haye, lieu bruyant comme un quartier de Paris, on eft tout étonné, à trois ou quatre lieues de là, de tomber dans une grande Ville claire, bien bâtie, dont les rues font larges, belles, très-nettes, & où il femble que perfonne n'habite, où l'on croiroit du moins que tout le monde eft couché. Sur le renom de fon Univerfité, je m'étois attendu à y voir fans nombre des troupes d'Etudians, maîtres des rues & des places, s'y promener comme chez nous, avec cet air d'audace &

de débauche , qui fait trembler les peres & les meres devant leurs propres enfans : ce n’eſt point cela du tout ; la jeuneſſe eſt fainéante, évaporée, libertine chez nous ; elle eſt à Leyde ſage , ſtudieuſe & retirée, & ſi on les rencontre ces Etudians, comme il arrive ſouvent, dans les rues , c’eſt avec un chapeau ſur la tête, qui ne menace perſonne ; de plus, avec une robbe de chambre qui ne les quitte gueres, & qui donne à croire que leur cabinet de travail n’eſt pas loin.

On nous avoit indiqué le Roi de Pruſſe comme la meilleure Auberge , mais il n’y avoit point de place, & nous tombames au Lion d’or. Il s’y trouva d’aſſez bon vin , deux Filles de l’Hôteſſe aſſez bien faites, d’humeur douce & d’aſſez bon maintien ; de plus, parlant François ; à Leyde on n’eſt point mal ainſi.

Le ſang de Leyde eſt beau ; les femmes n’y ſont point auſſi rebondies que dans les autres Villes. Nous rencontrames de grandes, de blanches & de fines figures ; elles ont là le défaut du pays, & général en Hollande ; toutes ont un air de fraîcheur & de ſanté qui fait envie ; mais la quantité d’eaux , la nature des alimens, les vapeurs & la craſſe de l’air leur cauſe des fluxions qui tôt ou tard leur perdent la bouche & les dents ; je n’en ai pas vû une exempte : à cela près, le ſang, dans le goût des blancs , y eſt généralement beau.

Le lendemain Lundi, on nous mena voir les Curio-ſités de la Ville , ce fut d’abord le Théâtre Anato-mique ; je ne crois pas que nulle part on trouve rien de plus complet ; on y montre les Squelettes de toutes fortes d'animaux, depuis la Souris jufqu'à la Baleine ; des animaux dont on a confervé la peau entiere de la tête aux pieds , & que l'on a empaillés de maniere à retenir à peu près leur figure ; toutes les parties en détail du corps humain , confervées dans de l'efprit de vin ; des Monftres de toutes formes ; plufieurs Momies bien confervées, des Verges de Baleines , longues de toife & demie, & quoique deffechées, de quatre pouces de diamêtre ; des peaux d'hommes entieres ; des ouvrages faits de peaux femblables ; par exemple, des fouliers, des pantoufles en entier , les femelles comme les empeignes. Je n'avois pas cru notre peau d'un fi bon ufage ; elle peut fervir tout auffi-bien que les cuirs de veau & de vache.

Nous fortimes fort fatisfaits pour un écu que nous donnames au Concierge.

Nous fumes au Jardin des Plantes ; il n'eft pas moins curieux. Il s'y trouve des palmiers er caiffes, dont un eft dans ce Jardin depuis 142 ans ; des arbres, des plantes de tous les pays.

Je remarquai une chofe à la plante fenfitive ; on fçait qu'en la touchant, les feuilles épanouies en évantail fe refferrent d'abord , & femblent vouloir renfermer un baifer qu'on leur a donné ; une minutte après je retouchai ces mêmes feuilles ,elles ne firent plus le même effet ; elles étoient déja épuifées, & il falloit apparemment un temps pour les remettre dans leur état naturel... Botaniftes ? à vous le refte.

On doit bien juger que pour élever & conferver

autant de fortes d'arbres & de plantes , il faut leur préparer une terre & un climat. Il y a à cet effet des Serres comme celles où l'on retire les Orangers ; & dans ces Serres, des poëles dont les tuyaux vont ferpentans, & diftribuent la chaleur qu'il faut pour les arbres & les plantes de chaque qualité. Il y a de ces arbres qui toute l'année font à demi-ferrés ; par exemple , celui nommé le Cierge , arbre du Pérou ; on y en voit plu-fieurs ; mais un entr'autres dont la tige s'éleve comme un rofeau à 30 ou 40 pieds de hauteur. Pour conferver cette tige on la tient dans une efpece d'étui, tout en vitrage , au travers duquel le Soleil l'échauffe, fans qu'elle puiffe être incommodée de l'air extérieur.

Les allées de ce Jardin ne font point fablées ; ce font des tourbes prefque réduites en pouffiere, & cette pouf-fiere dans l'efpace d'un an, foulée aux pieds, expofée à l'air, devient, dit-on, un très-bon fumier pour la terre de ce Jardin. Cette terre eft préparée, comme on peut bien l'imaginer ; je crois même que dans chaque vafe, dans chaque caiffe , elle eft préparée différem-ment : ce que j'en ai pû voir eft qu'il y entre beaucoup de fable , & je ne fçai quelle terre brune , dont je ne connois point la qualité.

Le maître Jardinier, non plus que l'Econome des corps morts & des fquelettes , ne font pas gens à fatis-faire un Etranger fur les queftions qu'il pourroit faire ; ils montrent tout alphabétiquement, & s'en tiennent là.

De ce même Jardin on entre dans une Salle baffe curieufe ; ce font des corps empaillés de Lions , Hippopotames, Rhinoceros, de Serpens de 20 & 24 pieds de long; c'est une recherche & un assemblage d'insectes de presque tous les pays, conservés dans des bouteilles avec de l'esprit de vin; des Araignées grandes comme la main, des Crapaux gros comme la tête, des Scorpions énormes, des Serpens de toutes especes, des minéraux de toutes les sortes, des têtes de cerfs à quatre cornes, un veau à deux têtes, &c.

Les yeux fatigués nous quittames & revinmes dîner à l'Auberge, dans le dessein de partir par la Barque de quatre heures.

Tous les Spinheus en Hollande sont regardés comme des curiosités à voir; on y va, mais on ne trouve dans aucun la propreté, la netteté qui regne dans celui de la Haye, ni dans aucun, des Actrices semblables. N'allez point au Spinheus de Leyde, c'est une vraie Maison de force, où l'on déploye l'appareil des verrouils, pour faire entrer par des guichets plûtôt que par des portes, & où l'on expose aux yeux des gens, des especes de folles, qui représentent à la fois l'image du péché & de la misere, & qui font autant d'horreur & de pitié, que les Filles de la Haye peuvent donner de divertissement.

M. de la Motraye ne manquoit pas d'envie de nous tenir compagnie; mais il étoit obligé de retourner à la Haye, parce qu'on y achevoit l'impression de son troisiéme Volume, dont il m'a depuis fait remettre un Exemplaire.

Par les conversations que j'ai eues avec lui, je vois

qu'il n'a point écrit lui-même la Relation de ses Voyages, qu'il a seulement fait mettre en style ses Journaux ; mais je suis persuadé que ses Journaux ne contenoient rien qu'il ne crût vrai, du moins à en juger sur l'examen que j'ai fait de lui-même ; je l'estime sincere & franc, autant qu'aucun homme que je connoisse.

L'amour de la vérité ne préserve pas toujours un homme de l'erreur ; il est des choses que l'on voit, & que l'on expose hors de doute ; il en est d'autres qu'on ne put voir que par les yeux d'autrui, & nul n'en put répondre. Quelques précautions qu'ait pris M. de la Motraye sur les faits dont il instruit son Lecteur, on ne peut pas dire qu'il n'ait point été surpris sur les Relations d'autrui, & en cela il n'en est pas moins dans la classe de la Batte, de Thevenot, de Chardin, & de bien d'autres dont on fait cas.

L'orsqu'il nous vit partir, un mouvement de bon cœur le prit, & lui fit promettre de venir à Rotterdam nous attendre au retour.

A quatre heures après midi, nous primes la Barque ordinaire à 7 sols par tête, argent du Pays. Nous y étions presque seuls, nous fimes notre route, laissant le Lac de Harlem à droite, & arrivames à Harlem fort à notre aise sur les huit heures du soir, après avoir passé en revue tous les petits Châteaux qu'on pût imaginer. On croiroit à voir la plûpart des Maisons qui bordent les Canaux d'Hollande, qu'elles sont faites pour loger de jolies petites personnes d'une toute autre espece, tant elles ont le goût de la mignature ; on ne peut en vérité pas fe réfoudre à croire que ces Palais de théâtre d'Opéra, foient deftinés à l'ufage des hommes du Pays, qu'on remarque d'ailleurs, en apparence du moins, fi épais & fi maffifs.

Harlem n'eft qu'à cinq lieues de Leyde. La Ville ma paru grande ; fort peuplée, médiocrement agréable. J'y ai vû peu de ces chofes qu'on puiffe remarquer : une grande place irréguliere, c'eft le Marché : à un bout de cette place, un Temple, qui étoit il y a cent quatre-vingt ans une Eglife Cathédrale ; fa longueur eft furprenante ; fa beauté en dehors affez commune ; en dedans ce Temple eft comme les autres du Pays, d'une nudité tout-à-fait trifte & dont les yeux font bien-tôt ennuyés ; nous ne reffemblons à cela Dieu merci, qu'une fois l'année chez nous : encore je doute que le Vendredi-Saint mette nos Eglifes dans un état auffi complet de dépouillement & de défolation.

Nous entrames dans la Ville de Harlem à huit heures du foir. Il y avoit alors une affemblée tumultueufe de canaille qui nous déplut, parce que la canaille d'Harlem, comme des autres Villes d'Hollande & de toutes les Villes du monde, eft déplaifante généralement. Ce qui affembloit le peuple alors dans cette grande place, dont je viens de parler, & que nous traverfames, c'étoit une exécution à mort, qu'on devoit faire le lendemain.

Nous fumes tomber dans une Auberge qui n'étoit que trop voifine de-là. L'Hôteffe, bonne femme, parloit un peu François ; elle nous reçut fans marchander,

K

pour un florin par tête à chaque repas ; quatre fols de plus pour le premier fouper. L'ufage en Hollande étant de ne fouper point dans les Auberges ; une Hôteffe fe trouve prife au dépourvu , elle eft obligée d'acheter en ville la volaille & la denrée au double; il eft jufte qu'elle s'en dédommage.

Nous foupames fort bien, avec vin rouge de Bordeaux, & vin du Rhin , on trouve de ces vins dans toutes les Auberges de Hollande ; car je ne compte pas ce qu'on appelle les vins blancs de France ; ceux-là viennent de Bordeaux, ils font fort doux, fans qualité ; ce font les femmes Hollandoifes qui les aiment & qui en font la confommation.

La Ville de Harlem eft renommée pour l'apprêt des belles toilles de Hollande, il s'y en fait un gros commerce , & je voulois en voir ; cela nous fit différer notre départ jufqu'au lendemain au foir. Pendant l'intervalle , à onze heures du matin, le peuple de trois ou quatre lieues des environs inonda cette Ville, & fur-tout la place près de laquelle nous étions logés. Au bout de cette place, vis-à-vis le grand Temple, eft l'Hôtel de Ville; c'eft un affez gros bâtiment, au devant duquel on voit une efpece de terraffe foutenue par des colonnes, & c'eft fur cette terraffe, hors d'infulte par fon élevation, que l'on amene les criminels du dedans pour les préfenter au peuple. On y plante des poteaux, on y applique les patiens, on leur paffe une corde au col, on les étrangle debout, & on les emporte auffi-tôt étranglés ; ce fpectacle n'eft point auffi mortifiant ni auffi foulevant que celui des fupplices de notre Pays.

Une chofe à remarquer, & qui prouve combien la canaille demande a être émue de quelque maniere que ce foit, c'eft l'affluence des gens qui arriverent à Harlem pour lors. On voyoit dans la place, non feulement la Ville ramaffée, mais les Villes & Villages de trois ou quatre lieues à la ronde; cela me fit une douleur inexprimable; mais ce qui me refferra le cœur & me donna une véritable oppreffion, ce fut d'y reconnoître notre barbarie ordinaire, fi naturelle à tous les hommes; ce fut d'être témoin de l'abominable joye, de l'allégreffe impitoyable, que cette exécution à mort répandoit parmi les petits & les grands. Je n'y veux pas penfer davantage; je haïrois trop les hommes, & j'aurois tort; ce n'eft pas tout-à-fait leur faute, non plus que celle des tigres, s'ils font cruels & carnaffiers: il eft plus raifonnable de les plaindre que de les haïr.

Il n'étoit pas queftion du fupplice d'un Meurtrier, d'un Voleur, d'un Affaffin, de ces hommes monftrueux qui détruifent les autres; il s'agiffoit d'une Fille de vingt ans, belle à ce qu'on m'a dit, & qui avoit paru telle aux yeux de fon pere, même au point de lui infpirer une paffion fi violente, qu'il l'avoit entraînée au crime de l'incefte.

Cette malheureufe Fille, peu après inquiete, agitée par fes remords, étoit tombée dans une efpece d'égarement. Des femmes, des filles comme elle en ayant fçu la caufe, & la Juftice en ayant été bien-tôt infor mée, elle & fon pere fubirent enfemble les rigueurs de la loi.

Le jour même je quittai Harlem, comme fi le feu du Ciel eut été prêt d'y tomber, ce fut le Mardi 24 Juillet. Nous primes la Barque de quatre heures : il n'y avoit point de Roufle dans cette Barque, l'ufage n'eft pas d'y en avoir, parce que de Harlem à Amfterdam elles n'ont que trois ou quatre lieues à faire ; d'ailleurs il fe trouve à moitié chemin des Eclufes où la Barque de Harlem refte en deçà ; les Voyageurs montent fur la digue & vont à trois ou quatre cens pas de-là en trouver une autre toute prête. Au défaut du Roufle, nous nous trouvames dans la premiere Barque mêlés parmi tous les Matelots, tous les Mouffes du Ponent, mais dans la feconde Barque leur nombre nous accabloit, l'exécution de Harlem en étoit caufe ; toute cette féroce engeance en revenoit, comme on reviendroit de la Foire de Befons, de la Foire Saint Laurent. Ces hommes ne croyoient pas fuffire d'eux-mêmes à notre déplaifir, ils empruntoient le fecours des pipes pour nous infecter à fond ; d'autres las de fumée fabloient des cruches de bierre, dévoroient du poiffon falé, & nous en envoyoient les premieres indigeftions, dont la puanteur nous foulevoit. A tout cela nous ne difions mot nous autres François, nous nous tenions dans un état de recueillement & de modeftie, qui même ne nous coûtoit gueres ; mais c'eft là que j'aurois voulu voir . . . .

Lorfqu'il fallut changer de Barque, nous montames

sur une levée fort importante, elle n'est pas d'une ex-
trême hauteur, & on l'a voulu ainsi, parce que les eaux
en de certaines crues la renverseroient pour se faire
jour; au lieu qu'en l'état où elle est, dans les crues
extraordinaires, les eaux une fois arrivées au niveau de
la digue, passent après par-dessus, & ce qui en passe ne
peut communément faire un grand mal, d'autant qu'il
y a par-tout des Moulins à pompe pour les tirer & les
rejetter.

De Leyde à Harlem on suit la côte ; à gauche est
l'Océan. De Harlem on détourne à droite, & l'on
trouve à deux lieues de-là, sur la droite encore, le
grand Lac de Harlem, dont je crois avoir parlé. Au
milieu de ce Lac est un Isthme bâti de main d'homme ;
c'est par sa barriere que les eaux des deux parts ne se
communiquent point que par des Ecluses dont on est
maître ; on y fait un Boulevard immense, & au milieu
du Boulevard passe un Canal, sur lequel les Barques
chargées font leur route entre ces deux Mers.

Ce fut ainsi que nous allames à Amsterdam, & que
nous y arrivames sur les sept heures du soir.

On nous avoit indiqué l'enseigne de la seconde Bible
pour la meilleure Auberge, d'autant qu'elle est nouvelle, & que généralement parlant, dans ce pays comme
ailleurs, on est toujours plus satisfait d'Hôtes & d'Hôtesses qui veulent se mettre en crédit, que de ceux qui
ont déja leur crédit établi.

Du lieu d'où l'on débarque aux abords d'Amsterdam,
il y a un bon quart de lieue de distance à cette Auberge ;

il eſt vrai qu'on trouve d'abord des Voitures à louer, mais nous primes le parti d'arriver en Pellerins. Ce fut bien à point, car l'inſtant d'après il ſurvint un tonnerre des plus harmonieux, qui tomba même au Village de Serdam à deux lieux de-là, & mit le feu à des Moulins à papier.

L'Hôteſſe de la ſeconde Bible eſt fort raiſonnable, & nous reçut très-bien ; elle parloit François ; cela ſe remarque volontiers en pays étranger.

Le lendemain Mercredi je pris un Caroſſe de louage ; ſur quoi il faut remarquer qu'il étoit autrefois défendu, du moins par l'uſage, d'avoir des Caroſſes roulans dans la ville d'Amſterdam ; la raiſon étoit que cette Ville toute bâtie ſur pilotis, en auroit ſouffert ; mais on eſt convenu depuis quelques années que le poids d'un Caroſſe roulant ne pouvoit faire aſſez d'ébranlemens pour cauſer un grand dommage. Amſterdam d'ailleurs eſt devenu ſi abondant & ſi riche, qu'on s'y eſt rendu moins difficile, que l'uſage des Caroſſes roulans s'y eſt introduit, non-ſeulement des Caroſſes Bourgeois, mais encore des Caroſſes à louer. Il y en a pourtant beaucoup moins à louer de cette eſpece, que de ceux qu'on fait tirer par un cheval ſur des traîneaux, & ceux-ci ſont à bien meilleur compte.

Je louai le mien ſur le pied de ſix florins par jour ; ce fut en cet équipage que nous fimes notre premiere ſortie le Mercredi matin 25 Juillet.

La Ville d'Amſterdam ne préſente d'abord rien de frappant pour qui arrive des Villes dont j'ai parlé ;

rien de beau, un affez mauvais pavé, des maifons peu
élevées, dont le pignon à l'ordinaire eft fur la rue :
Boutiques fur Boutiques comme à Rotterdam ; il y a
entre ces deux Villes beaucoup de reffemblance en
gros, mais moins de gayeté dans celle-ci.

Midi fonna, c'eft l'heure de la Bourfe ; nous y fumes,
nous y vimes bien des gens plus occupés de leurs affaires que des nôtres.

Ce qu'on appelle la Bourfe, ce font quatre corps de
logis qui fe tiennent, & qui forment la cour d'un quarré
long : en haut il y a des Salles qui fe communiquent,
dont on abandonne une partie à des Marchands de
Tableaux & autres.

En bas font des portiques qui font également le
tour, & fous lefquels on fe tient, lorfque par le mauvais
temps la cour n'eft pas tenable.

Là font des hommes de toute efpece, comme de
toutes Religions, jufques à des Levantins ; car l'intérêt
divife ou rapproche tout. Là chaque Marchand fe fixe,
& demeure dans la même place jufqu'à la fin de l'affemblée, pour donner à fes Courtiers plus de facilité
à le trouver.

Nous qui comptions être ignorés à la Bourfe d'Amfterdam comme à Congo, nous marchions à tort &
à travers, confidérant les gens qui ne nous regardoient
pas. Nous fumes frappés à l'afpect d'un Frifon entre
autres, qui nous parut avoir fept pieds de hauteur ;
fa taille, fon habillement & fon air en vérité nous en
impoferent ; les climats font les mêmes pour tout ce qui

vit, on n'a qu'à se représenter les Chevaux de Frise, on se fera une image des hommes du même pays.

On pourroit dire que parmi tous ces hommes assemblés on n'en découvre pas un qui porte un bouton d'or; mais qu'on y voit communément tel ou tel Paysan ou Bourgeois qui en a des tonnes, car on estime dans ce pays-là le bien d'un homme par tonne; un tel, dit-on, a quatre-vingt tonnes d'or, ce sont huit millions, qui en vaudroient seize en France. Ce même propos nous a été tenu d'un particulier d'Amsterdam qui a laissé cette valeur en mourant.

Je fus assez surpris de voir là un grand homme venir me faire des politesses excessives; il m'apprit qu'il étoit le Commissionnaire des Fermiers Généraux pour le Tabac qu'ils tirent d'Hollande, du moins qu'il l'étoit un peu, & qu'il souhaitoit fort de l'être tout-à-fait; il se nomme M. Pelissari.

Dès ce moment il ne nous quitta plus. Au sortir de-là j'en vis arriver deux autres que je ne connoissois pas davantage ; j'en reçus des honnêtetés toutes pareilles ; l'un prononçoit le compliment, l'autre faisoit les gestes : c'est-à-dire , qu'un d'eux ne sçavoit pas le François, que pourtant tous deux vouloient se faire entendre. L'un est M. Bauman, Courtier fameux en fait de Tabac, l'autre est M. le Jolle, Fabriquant.

Nous retournames à notre Auberge, & y dinames à merveille , il fallut bien après aller rendre hommage à l'Hôtel de Ville, qui, dit-on, à coûté plus de trois millions à bâtir. La face en est imposante, sur le fron-
tispice

tifpice font trois grandes ftatues de bronze fur pied, repréfentant la Juftice, la Force, l'Abondance : on y voit un froton de marbre blanc, où eft une femme repréfentée en relief affife fur un fiége fupporté par deux lions, tenant d'une main les Armes de la Ville, de l'autre une branche d'olivier, ayant autour d'elle toutes les Divinités marines, qui la couronnent, & lui font une fête.

On entre par fept portes affez fimples, toutes uniformes : allufion aux fept Provinces, dont les priviléges font égaux.

On monte par autant d'efcaliers, qui ne font pas bien magnifiques. Mais on entre dans une falle qui eft à gauche ; cette falle eft voûtée, d'une grandeur immenfe, toute revêtue d'un marbre blanc cizelé, & chargé d'ornemens à l'infini ; elle eft pavée de marbre de toutes couleurs, & fur ces pavés, font incruftées des lames de cuivre, qui repréfentent deux demi-globes terreftres, un demi-globe célefte de 22 pieds de diametre chacun ; ce font de fort grandes & bonnes Cartes Géographiques : la falle a deux aîles, qui forment deux autres falles également ornées ; les voûtes en font peintes ; je n'ai pas bien diftingué ce que ce pouvoit être : ces falles fuperbes, comme elles font, m'ont paru avoir un défaut, c'eft de n'être pas affez éclairées, & il eft fûr qu'elles ne pourroient trop l'être, pour faire confidérer bien les beautés qu'elles renferment d'Architecture & de Sculpture.

Au-deffus de ce Bâtiment, s'éleve une Tour affez

L

haute ; nous y montames ; nous y vimes le carillon, qui fe fait par le moyen d'un tambour, à la maniere des orgues d'Allemagne, & à la mode du Pays. Il eft compofé d'un nombre infini de cloches de toutes groſſeurs.

Du haut de cette Tour, on voit l'enceinte de la Ville ; elle forme une demie-lune, & accompagne les bords de la riviere d'Amſtel, qui fe jette dans la Mer près de-là, qui paroît même être une Mer dès le Port, car l'eau en eft falée.

Amſterdam, dit-on, a quatre lieues de tour ; il me parut en effet fort grand, & nous le jugeames d'abord une moitié de Paris ; mais réflexion faite, il fut réduit au tiers. On voit de cette Tour la plûpart des Canaux qui font comme à Rotterdam, larges, droits, & bien revêtus ; & dont prefque tous les bords font plantés d'arbres. On découvre de même le Port & les Vaiſ-feaux innombrables qui y font ; c'eſt un fpectale ad-mirable pour des François, que de fe trouver à la Tour de l'Hôtel de Ville d'Amſterdam, & de voir de-là, des allées d'arbres parmi des maifons & des Vaiſſeaux, qui vont ou viennent à la voile ou à la rame. Toute la Ville paroît aller d'un même mouvement.

Sous cet Hôtel de Ville font de grands corridors voûtés, & là eft placée la fameufe Banque, dont on ne fçait jamais le fecret, où les Etats reçoivent de toutes mains, des dépôts dont ils ne payent point d'in-térêt ; où ils foutiennent l'opinion du papier & le font gagner fur l'efpece ; où tous les Marchands enfin ont intérêt d'avoir des fonds, parce que ce crédit fait en partie leur crédit public & leur réputation.

Le lendemain nous primes un Yacht fur le Canal qui baigne les derrieres de la maifon où nous logions; on nous mena voir l'Amirauté; il faut pour cela traverfer le Port; elle eft à une demie-lieue par eau : c'eft un grand Bâtiment fur pilotis qui renferme un Arfenal affez complet; on y voit des cordages de toutes groffeurs, des cables du poids de 1400 ^{aux}, de 20 à 22 pouces de tour; généralement tous les agrêts, tous les apparaux, jufqu'au fabliers & aux lanternes, & de quoi faire par eftimation l'équipement de douze ou quinze Vaiffeaux de guerre; le tout bien arrangé, bien à fa place, ainfi que les fufils, piftolets, fabres, bombes, &c.

M. de Bauman connoiffoit le Commiffaire principal de cette Amirauté; ce fut par fon moyen qu'on nous fit tout voir, ce qui ne fe fait point communément.

Mais tout voir, n'étoit pas tout faire; on nous attendoit au retour avec un beau nombre de bouteilles de vin, & il nous fallut, pour répondre à la politeffe du Commiffaire, les boire coup fur coup, fans ofer lui demander ni pain ni fromage.

Bien fatisfaits de fa politeffe & d'un fecond Yacht qu'il nous donna pour nous faire aller plus à l'aife, car nous étions dix-huit ou vingt; on nous mena voir le baffin, où font entr'autres fept Vaiffeaux de guerre, portant les noms chacun de leur Province. Nous montames fur l'Amfterdam, c'eft un Vaiffeau de cent canons ; il n'avoit ni mâts ni cordages, il n'eſt pas même entierement fini. Les Vaiſſeaux des autres Provinces & d'un moindre Port étoient à peu près au même état ; d'une belle conſtruction. Il m'a ſemblé que l'arriere des nôtres a proportionnément plus d'élévation.

De-là nous fumes voir tous les Atteliers de la conſtruction. On commença par nous mener dans la vraie Forge de Vulcain ; tant cette eſpece de Caverne me ſembla grande, ſpacieuſe, contraſtée de lumieres & de ténébres ; tant nous y vimes de Forgerons ou de Cyclopes.

A la ſuite, les Charpentiers, les Menuiſiers, les Ouvriers de toute eſpece.

Au retour, & en rentrant dans la Ville, nous paſſames devant un grand Temple aſſez élevé ; il en ſortoit alors beaucoup de monde ; je demandai quel office on venoit d'y faire à huit heures du ſoir ; nos guides me propoſerent d'y aller pour nous en inſtruire ; ce que nous fimes.

Ce Temple étoit fort éclairé de toutes parts, & il ſe trouva que c'étoit de ces réprouvés qui n'admettent qu'une partie de nos Ecrits ſacrés, de ces hommes maudits, qui depuis 17 ſiecles oſent encore ſe dire les Bien-aimés du Pere, après les indignités qu'ils ont commiſes ſur ſon fils.

C'étoit une Synagogue Portugaiſe ; car près de-là on en voit une autre auſſi belle pour les Juifs Allemans. Après cela on ne doit pas être ſurpris qu'il y ait dans la même Ville de beaux Temples de Preſbytériens, d'Epifcopaux, d'Anabaptiftes & de Trembleurs, & je le paffe; mais je ne puis m'empêcher de me plaindre, quand je vois que Leurs Hautes Puiffances permettent aux Ennemis communs de leur Religion comme de la nôtre, d'élever en plein vent les monumens de leurs profanations, lorfqu'ils ne fouffrent pas qu'on entre dans nos Eglifes Catholiques, que par de petites allées & des portes bâtardes : quelle rancune!

Nous remportames notre fcandale, & fumes fouper chez M. le Jolle, gros Fabriquant de Tabac. J'ai déja dit que ces Meffieurs fouhaitoient de fervir la Ferme générale de France : il y parut par le monftrueux fouper qu'on nous donna; vingt-un plats au premier fervice.

Nous fumes dîner le lendemain chez M. de Normandie, auquel j'avois été recommandé par M. Vernet, Banquier de Marfeille, mon ami. Ce fut à une petite Guinguette qu'il a près d'une des portes de la Ville.

Nous vimes de-là paffer fous nos yeux un affez grand nombre de Caroffes bien attelés, mais fur-tout de Phaétons à deux roues & de Chariots à quatre. Ces Chariots ne reffemblent point aux nôtres.

J'ai déja dit que le terrain en Hollande eft precieux, & que toutes les chauffées font fort étroites; cela fe remarque aux environs d'Amfterdam comme ailleurs, & j'y ai compris qu'un Caroffe de France attelé de quatre chevaux, ne fe conduiroit pas facilement dans les détours qu'on y trouve.

Les Chariots à quatre roues font montés fur deux effieux de bois ; on eft affis entre les effieux ou deffus;

point de mouton derriere ni de place pour perfonne, & point de timon devant. Le Cocher qui mene affis fe foutient fur fon fiége comme par miracle, un pied en l'air, l'autre pofé fur un bout de timon fait en arc qui remonte à lui; ce timon tient aux roues de devant, qui font prefqu'auffi hautes que celles de derriere, & tourne à droite & à gauche, fuivant que le Cocher le pouffe du pied, par le moyen de la cheville ouvriere, qui ne fe voit point fous le Chariot, mais qui fe fent bien par quiconque eft dedans.

Les Phaétons à deux roues ont deux brancards comme les nôtres ; mais encore plus courts : je les crois plus légers auffi ; on les voit dans les chemins de la Hollande, aller, venir, fe croifer en fi grand nombre, qu'on croiroit que ce font des tournois & des courfes de chevaux : quelquefois on eft vraiment émerveillé de la furieufe rapidité de ces courfes : c'eft un fpectacle affurément frappant de voir ces petits Chariots ou Phaétons, plus galands, plus leftes les uns que les autres, attelés d'un feul cheval, qui les fait perdre de vûe dans l'inftant, qui femble avoir des aîles & plûtôt voler que courir : j'en ai vû avec admiration de ces Phaétons, qui ne paroiffoient en vérité pas rouler à terre, qui tels que le Char d'Elie, fembloient enlever un mortel dans les airs, & ce mortel étoit d'ordinaire un gros Payfan.

Après le dîner, nous fumes à la Maifon de campagne de M. Beaumann, qui nous y attendoit avec du thé, du vin & des pipes ; fa femme & lui nous firent de grandes démonftrations de joye ; nous comprimes par leurs fignes qu'ils étoient bien aifes, & nos Interprétes nous l'expliquerent en François. De-là plufieurs de nous furent voir un fort beau Mail voifin de cette Maifon, le tout à une demie-lieue de la Ville.

Quant à moi, je voulus effayer du Phaéton de M. de Baumann.

Son Fils qui menoit très-bien, le fit atteler d'un Cheval qui vaudroit des fommes en France ; il me fit faire tout le tour de ce canton, d'une vîteffe à perdre haleine, fur le plus beau chemin du monde, & où je ne laiffois pas de me tenir ferme d'une main, fans quoi j'aurois couru rifque d'être déplacé. Nous vimes dans ces environs plufieurs maifons dans le goût Chinois dont j'ai parlé : des berceaux, des cabinets peints en dehors, des ftatues, &c.

Le lendemain Dimanche 29 Juillet, nous nous em-barquames fur le Port, près d'un Cabaret, où les gens d'Amfterdam vont plus volontiers qu'ailleurs manger de bon poiffon. C'eft dans ce même Cabaret que M. Tronchin, auquel entr'autres j'étois adreffé, nous avoit donné deux jours avant un dîner en maigre purement à la Hollandoife, & excellent. C'étoit de fort bon beurre, du poiffon de toute efpece, des perches, fur-tout les meilleures du monde, bouillies dans l'eau & le fel, fans autre affaifonnement qu'une affez groffe quan-tité de perfil, feuilles à racines.

Le Bâtiment dans lequel nous nous embarquames étoit une efpece de Barque pontée, renommée à Amfter-dam pour bonne voiliere.

Notre deffein étoit d'aller à Serdam, fameux Village à deux lieues de-là, fur le bord de l'eau; par un vent fort contraire il nous fallut louvoyer long-temps; nous arrivames enfin dans ce Village fur les onze heures du matin.

Le premier foin de M. le Jolle, nos Guides qui nous donnoient encore ce cadeau, fut de prendre des perches toutes vives, je ne fçais quelle autre efpece de poiffon, que je trouvai meilleur, & de faire préparer le tout au perfil.

Pendant cela nous nous promenames dans le Village de Serdam, & ce Village nous parut auffi étranger pour Amfterdam même, qu'Amfterdam peut l'être pour des gens de Paris.

Serdam eft un Port, & ce Port fait une continuité de maifons très-ferrées, qui feroient faire plus de fix lieues de chemin. Quand on entre dans l'intérieur de ce Village, on trouve des Canaux & des Quais de deux côtés, ou des Rues étroites pavées de brique; ces Rues font d'une netteté qui va jufqu'à la fuperftition; les maifons font de maçonnerie, & cette maçonnerie eft revêtue de planches en dehors, ce qui ne reffembleroit pas trop mal aux Loges des Baladins de nos Foires, fans que ces maifons font embellies & décorées, peintes par-tout en noir ou en brun, & par compartiments d'autres couleurs. Elle ne font pas élevées; les appartements de Maîtres paroiffent être au rez-de-chauffée; mais pour empêcher d'y être vû par les paffans, l'ufage eft là, comme en d'autres villes de Hollande, d'appliquer

pliquer en dedans des volets, qui ne font autre chofe qu'une gaze à fleurs proprement encadrée, au travers de laquelle on voit de fa chambre fans être vû du dehors.

Nous étions précédés & fuivis d'une grande foule de gens ; nous apprimes qu'on alloit au Temple, c'étoit l'heure du Service ; nous fuivimes, & nous y entrames comme les autres.

Suivant la Religion du pays, on n'eft point obligé, comme chez nous, d'aller au Service les Dimanches, & peut-être eft-ce pour cela qu'on s'y rend plus affiduement : en effet, le Temple de Serdam qui me parut fort grand, étoit tout rempli. Nous y entendimes chanter les Pfeaumes, accompagnés de l'orgue ; je trouvai le chant fort beau, & plus majefteux que le Grégorien.

Les Pfeaumes finis, un Prédicateur monta en Chaire, nous nous retirames ; nous retournames à notre Barque, où le dîner nous attendoit, qui fe trouva bon par les foins de nos Guides.

J'étois curieux de voir un Moulin à Tabac ; il y en a plufieurs aux environs de ce Village. Il étoit Dimanche, on ne travailloit point ; cependant Meffieurs le Jolle trouverent le moyen de nous faire tout voir ; il y avoit fur le bord de l'eau, près de nous, une jolie maifon, & une terraffe avancée, fur laquelle étoit un homme affis bien à fon aife, fumant fa pipe, fort tranquillement, qui nous regardoit faire avec affez d'indifférence ; ces Meffieurs lui demanderent à qui l'on pourroit s'adreffer ; il répondit que c'étoit à lui-même ; ils

M

l'engagerent à venir dans notre Barque achever fa pipe, & il y condefcendit avec bonté ; ce n'étoit pas là un Meûnier de Montmartre ; il n'en avoit que l'encolure & le maintien ; il étoit d'ailleurs vêtu d'un beau drap brun, coëffé d'un plus beau caftor encore, mis enfin fuivant l'uniforme de tous les Payfans de ce Village.

Il fut fi content de notre acceuil, qu'il fit venir fa femme & fa fille ; elles étoient toutes les deux vêtues fuivant l'ufage auffi ; un grand chapeau de paille très-fine fur la tête, pour fe garantir du Soleil ; ce chapeau étoit bordé d'un ruban couleur de rofe, & deux autres grands Rubans y étoient attachés, & venoient former par-devant, ce qu'on appelle en France un défefpoir.

Mais j'admirai leur maniere de s'habiller, fans comprendre en quelle vûe on peut fe déformer à ce point.

Elles étoient, comme la plûpart des femmes du lieu, vêtues d'un habit brun, en corps bien baleiné. Ce n'eft pas ce qui me déplaifoit, parce qu'au contraire, ce corps leur deffine & leur foutient la taille très-bien, & il eft à remarquer qu'elles ont prefque toutes la taille belle.

C'eft la difformité des épaules qui m'impatientoit. Imaginez-vous que c'eft une efpece de cercle de baleine qui en fait le tour, & qui foutient l'habit, le corps, ou le corfet, à plus de fix pouces de diftance de chaque épaule ; en forte que vous voyez une tête & un col, comme fortant d'une grande cuvette, & qu'une pauvre petite femme, en cet état, eft réduite à porter des apparences d'épaules monftrueufes, & qui en cachent de fort jolies qu'elle auroit peut-être à montrer.

Nous en remarquames d'autres, & c'étoient les plus confidérables, les femmes ou parentes de Bourgue-meftres; elles portent l'habit noir en corps & en jupe; elles ont fur la tête une piece de velours noir d'un pied de large, qui eft empefée de maniere que les deux bouts pendent par-devant & fe foutiennent roides, fans toucher à rien; je ne fçai pas quel effet en tableau feroit cette draperie; mais elle donne aux femmes qui la portent, un air de nigauderie d'un genre tout particulier.

Il y a dans ce Village un Caffé très-propre; ce n'eft pas du caffé qu'on y boit le plus, c'eft de la bierre & du vin; pourtant les gens de ce Village font fobres, & beaucoup plus qu'ailleurs; ils font trop occupés de leur commerce ou de leur mêtier. Les uns font des Conftructeurs de Vaiffeaux, les autres en font les Propriétaires, & en ont en Mer quinze ou vingt. Il n'y a nulle part dans le monde autant de facilité que là pour conftruire & équiper; ils ont des Magafins de tout ce qu'il faut; ils ont des bois de conftruction de toutes efpéces, tous préparés; ils peuvent conftruire & lancer en moins d'un mois, un Vaiffeau de 4 à 500 tonneaux. Je doute qu'il y ait d'exemple d'un Village pareil dans le monde.

Ce qui entretient les Habitans dans cette puiffance énorme, c'eft tout à la fois leur goût déterminé pour le travail, l'efprit d'avarice qui les tient, & le mépris qu'ils font de notre luxe & de notre molleffe; mépris que je n'attribue qu'à la fauffe idée qu'ils en ont, & que le Gouvernement leur conferve.

M ij

A cette occasion , on nous compta qu'un de ces Payſans nommé Craffe, avoit un fils, qu'il avoit envoyé faire des voyages en Italie, en Allemagne, en France ; que ce fils prenant les airs & les manieres des Pays par leſquels il paſſoit, lui avoit cauſé une dépenſe de deux cens mille écus, ſans que le pere l'eut trouvé mauvais; que ce même fils, après avoir paſſé ſix mois à Paris , s'étoit aviſé de rapporter en Hollande les habits chamarés, dont il avoit fait uſage à Paris , & qui avoient contribué, avec ſon train, à le faire regarder comme quelque Prince étranger.

Que dans cette chamarure , il étoit allé à la Bourſe d'Amſterdam , dans le deſſein d'y ſurprendre ſon pere , & de lui faire une eſpece de fête par cette entrevue ; mais que le Payſan le dédaigna , ne voulut point le reconnoître pour ſon fils, & lui déclara, qu'il ne mettroit point le pied chez lui, à moins qu'il ne ſe remît dans un état raiſonnable, qu'il ne reprît l'habit de Payſan , tel qu'il l'avoit laiſſé, en partant de Serdam : force fut à l'enfant de ſe ſoumettre, & d'obéïr.

Peu de temps après, le Payſan, pere, fit place au fils, & mourut ; ce fils ſe trouvant à même de puiſer dans les tonnes d'or , ſe vit enfin libre & en droit de reprendre les allures & le train qu'il avoit malgré lui quitté ; & l'on imagine bien qu'il n'y manqua pas ; ſi on l'imagine, on a tort : nous vimes ce fils dans les rues de Serdam, ſur le pas de ſa porte , vêtu comme feu ſon pere , & revenu de ſes voyages comme d'un ſonge.

Notre Meûnier, par excellence, nous invita à aller

voir fon Moulin à Tabac , & le fit marcher exprès pour nous.

J'y vis mettre en poudre plufieurs fortes de feuilles de la Havanne ; j'en raconterai l'opération à la fin de mon Journal.

Toute la charpente du Moulin étioit jaune du Tabac le plus fin qui s'y étoit attaché ; on croiroit que ce devoit être le meilleur, j'en goûtai ; ce n'étoit qu'une pouffiere éventée.

Il y avoit à terre des tas de tabacs tous préparés ; le Meûnier me força d'en prendre ; il me fit dire qu'une livre étoit bien le moins qu'il pût m'offrir, & que ce n'étoit point de fa part un préfent de huit fols.

Près de ce Moulin, dans la même Prairie, il y en avoit un grand nombre d'autres, tant de Moulins à tabac, que des Moulins à fcie. La quantité de toutes efpeces de bâtimens qu'on conftruit à Serdam, fera juger qu'il y faut des bois fciés, & que pour la commodité du tranfport, il fe trouve autour de ces Moulins des Canaux à choifir, qui fe communiquent les uns aux autres, & menent au Port.

Nous primes congé du Meûnier, & remontames fur notre Barque. Le vent qui avoit été contraire en venant, fe trouvant toujours le même, nous fut favorable au retour.

Le lendemain Lundi, je parcourus encore la Ville, je vifitai des Magafins, qu'on peut appeller les Magafins des Nations, par tout ce qu'ils contiennent de curieux de tous les pays. J'y trouvai des toilles peintes des Indes de la plus grande beauté. Ce qui m'étonna, ce fut d'en voir de la façon des Anglois, qui me parurent presque aussi belles; elles font à beaucoup meilleur compte; on dit qu'elles ne résistent point au blanchissage; ceux qui les vendent jurent le contraire, & je le crois, à en juger seulement par les plaintes que font les Marchands & Fabriquans de toiles pareilles d'Amsterdam, sur le tort que la Manufacture d'Angleterre fait à celle d'Hollande.

On trouve dans ces mêmes Magasins des Porcelaines de tous les goûts, & généralement des curiosités de toutes les sortes.

La journée se termina par souper chez M. Tronchin, chez lequel nous bumes du vin du Cap de Bonne-Espérance; il nous excita fort à aller voir la Nort-Hollande; il nous assura qu'après ce que nous venions de voir, cela méritoit encore d'être vû; mais le temps ne le permettoit pas.

Il faut rendre justice au peuple de Hollande; il n'a point cette férocité qu'on dit ailleurs, inquiétante & dangereuse pour les Etrangers; il a simplement l'apparence de la rusticité, encore faut-il que ce soit un François qui le dise; au reste, le climat aqueux qui donne du phlegme à ces peuples, les tourne & les dispose naturellement à la réflexion; & comme la réflexion est proprement un examen, il résulte que ces gens-là font naturellement plus capables que d'autres, d'envisager, de combiner & de prévoir même la suite & l'ordre des choses. On ne les voit point, ces gens-là émus, comme les nôtres par ces sentimens vifs & prompts , qui donnent lieu chez nous à tant de démarches mal-entendues, qui font faire tant d'étourderies , tant de sottises pour acquérir , & tant de chûtes après avoir acquis.

Ceux-ci pensent de suite & ferme ; ils operent de même, & tôt ou tard & par dégrés parviennent au but, & remplissent leur objet.

Il n'y a qu'à voir ce qui s'est passé chez eux, & de quelle maniere les Habitans de ce pays, qui d'abord ne paroissent être que des mutins , sont parvenus à changer de forme & de nom dans l'espace de cent quarante ans , à se faire appeller Peuples libres par leurs Maîtres au Traité de Munster , & Hautes Puissances par la France , même au Traité d'Utrecht. Ils étoient tombés sous la domination de l'Espagne ; sans un Fils de Charles-Quint, Philippe Second ; sans le Duc d'Albe, ils y seroient peut-être encore ; il n'y avoit qu'à les laisser vivre en paix, ne point toucher à leurs Priviléges : mais le Duc d'Albe vouloit changer la police de leur Gouvernement , & les assujettir comme des Esclaves Maures ; ses injustices & ses duretés causerent les troubles : le mécontentement de ces Peuples , par progrès, se tourna bien-tôt en haine , & cette haine ne fit que ranimer davantage leur amour pour la liberté. Qu'arriva-t'il ? Une Secte nouvelle, qui sembloit n'attendre que cette conjoncture pour paroître , du moins pour fructifier ; elle fructifia si bien, que l'indépendance fut peu après envisagée comme une nécessité & une vertu. De-là des maximes générales qui porterent sur tout, qui confondirent tout le Gouvernement Eccléfiaftique & le Civil. Il falloit au plus vîte étouffer cet efprit de révolte ; on imagina : quoi ? l'Inquifition & les fupplices ; & voici quel fut le fuccès de cet expédient.

Alors des dix-fept Provinces qui compofent les Pays-Bas, il s'en détacha fept, qui fe réunirent fous l'étendart d'un Naffau, pour foutenir mutuellement leur liberté en-vers & contre tous. La premiere levée de Bouclier s'en fit en 1566 ; ces Révoltés effuyerent des affauts, des pillages, des batailles ; ils virent couler des fleuves de leur fang ; les Efpagnols exercerent contre eux des barbaries in-croyables, & qui n'ont d'exemple que chez eux-mêmes : tout cela ne fit rien ; fept Provinces fçurent tenir tête à tout, & n'en eurent que plus de courage & d'achar-nement. En voici un grand trait. Ces hommes déter-minés fe confidérant fur ce théâtre de carnage, com-prirent qu'il ne leur feroit pas poffible de foutenir long-temps le poids de leur fituation ; que leurs biens & les fecours de leurs Alliés n'y fuffiroient pas ; qu'il leur falloit indifpenfablement chercher des fecours ailleurs ; ils jugerent qu'ils ne les trouveroient que dans les pro-fits du Commerce ; en conféquence il y eut des arme-mens pour les Indes Orientales. Mais il étoit difficile d'y parvenir ; les Efpagnols en quelque façon maîtres des feuls paffages connus à ceux-ci, les leur avoient interdits. Que font les Hollandois ? ceux de Zélande du moins ? Ils ont l'audace d'aller chercher des routes impraticables pour les Indes & la Chine, au travers des glaces de la nouvelle Zemble. Ils ne réuffiffent point par un Pôle, ils vont à l'autre ; ils prennent la route des Portugais, celle du Cap de Bonne-Espérance : ils font si bien qu'ils arrivent, qu'ils prennent des établissemens, & qu'ils y trouvent leur compte. D'autres armemens réussissent mieux : le tout se réunit & compose une Compagnie en 1602, avec un fond net de six à sept millions de florins.

Et ces premieres opérations se firent pendant le temps qu'on portoit le fer & le feu dans leur Ville ; & la violence de leur Etat dura plus de quarante-cinq ans : jusques en 1609 enfin, que l'Espagne fatiguée fut contrainte de convenir avec ces Provinces d'une Treve de douze ans.

Ce fut alors que plus unies que jamais, elles s'appliquerent avec plus d'ardeur encore, à aggrandir leur puissance maritime & leur commerce. Elles l'affermirent dans tout le Nord, dans quelques parties de l'Amérique, sur la côte d'Afrique. Mais les Indes devinrent l'objet capital de leurs attentions : les Portugais en étoient presque les maîtres ; il s'agissoit de les chasser : ces Républicains entreprirent de le faire, avec des travaux qu'on ne peut imaginer ; ils y parvinrent : ils leur enleverent l'Isle d'Amboine, dès l'année 1605. Ils conquirent de suite les autres Isles Moluques, & se rendirent maîtres des Epiceries qu'elles produisent : en 1619 ils s'établirent dans l'Isle de Java, malgré le Roi du Pays : En 1653 ils s'emparerent du Cap de Bonne-Espérance, que les Portugais avoient pris la peine de découvrir cent soixante ans avant eux ; ils en firent un lieu de rafraîchiſſement, toujours utile, & quelquefois néceſſaire aux Vaiſſeaux qui doivent doubler ce Cap, & faire route aux Indes. Il ne leur reſtoit plus qu'à choiſir un lieu convenable pour y établir le Magaſin général de tout le commerce de l'Aſie, & le ſiége principal d'une véritable Souveraineté. Ce fut Java; ce fut dans cette Iſle, qu'ils bâtirent & fortifierent la fameuſe Ville de Batavia, que l'on compare aujourd'hui aux plus belles de l'Europe; & c'eſt ainſi qu'en moins de ſoixante ans, les Hollandois ont enlevé aux Portugais les Iſles, les Forts, tous les Etabliſſemens qu'ils avoient eu bien de la peine à faire dans le ſein Perſique, ſur la Côte de la Chine, & même juſqu'au Japon; & que ceux-ci ſe ſont vus preſque réduits à la jouiſſance de Goa, & de la For008tereſſe de Diu.

Ce n'eſt pas tout. Pendant qu'une partie des ces Républicains flottoit ſur la Mer des Indes, y batailloit, y négocioit; l'autre partie faiſoit tout de même en Europe; & ſi bien, que l'Eſpagne n'ayant pu venir à bout de les exterminer tous, comme des Sujets révoltés, ſe laiſſa fléchir enfin, reconnut libres les Etats des ſept Provinces, & leur accorda pluſieurs priviléges pour leur commerce; ce fut la paix de Munſter en 1648.

Voilà ce que c'eſt que l'audace, la force, & l'obſtination tout enſemble : voilà depuis ce temps, les Habitans des Provinces-Unies, en état de faire dans les Indes, un commerce qui embraſſe tout : les voilà emparés de l'Iſle de Banda, & de la Noix Muſcade : de l'Iſle d'Amboine, & du Clou de Girofle : de l'Iſle de

Ceylan, & de la Canelle : Maîtres en quelque maniere de fe faire fournir à des bas prix réglés, les quantités de ces Epices qu'il leur faut, pour en faire par leurs mains, la diftribution à huit pour un de profit, non-feulement en Europe, mais dans l'Afie, dans les Etats du Grand Mogol, dans la Perfe, dans la Mer Rouge, &c. où ils en envoyent de bien plus groffes quantités ; ils ont raifon pour cela ; elles s'y vendent bien, & elles leur fervent de payement pour la plûpart des marchandifes qu'ils achetent dans ces Pays, & qu'ils apportent enfuite dans les nôtres.

Mais fi les profits immenfes de ce Commerce font arriver toutes les années vingt à vingt-quatre gros Vaiffeaux, pour apporter dans les Magafins d'Amfterdam, les richeffes de l'Afie ; la Hollande n'en a que plus de facilité, d'envoyer tous les ans des douze & quinze cens Bâtimens dans les Mers du Nord ; elle y porte fes Epices ou bien nos Vins, nos Eaux-de-vie & nos Sucres ; elle rapporte des Bois merains, de charpente ou de conftruction, du Plomb, de l'Etain, fur-tout des Bleds qu'elle nous revend ; cela ne l'empêche pas d'envoyer beaucoup de Bâtimens à la pêche de la Baleine ; beaucoup plus à la pêche des Morues ; une infinité à la pêche des Harangs : & la même Hollande n'a pas perdu pour cela la moindre occafion de débarraffer la France du foin de la fervir ; elle a mieux aimé tirer de chez nous les Ouvriers, que les ouvrages ; elle a fçu profiter de la révocation de l'Edit de Nantes ; elle s'en eft appliqué les effets autant qu'elle a

pû ; elle a tendu la main à tout François Proteſtant.
Nos Ouvriers y ſont allés ; ils y demeurent , & y ſont,
avec ces Républicains-là , une communauté d'induſtrie
& de profit : de-là vient qu'aujourd'hui on voit faire
dans pluſieurs Villes , à Leyde , ſur-tout , des Serges,
des Camelots de toutes ſortes , & de fort beaux Draps :
dans le Groningue & dans l'Ower-Iſſel , des Toilles
très-belles , qui ſe blanchiſſent à Harlem ; de la Fayance
de toute eſpece dans la Ville de Delpht ; dans preſque
toutes les Villes & dans Amſterdam , ſur-tout des Etoffes de Soye , d'Argent & d'Or , ſans compter les rafi-
nages de Sucre , les blanchiſſages de Cire , la Rubane-
rie , la Papeterie , la Bonneterie , la Chapellerie : oui,
la Chapellerie , ce petit article mérite bien qu'on le
rappelle , il fait pour la France une différence de trois
à quatre millions par an : & ces Meſſieurs , avec tout
cela , n'en ont pas moins de bons Beurres , & de gros
Fromages qu'ils envoyent par-tout ; ils n'en recueillent
pas moins chez eux des cinquante à ſoixante mille quin-
taux de Tabac, qui ne vaut gueres , mais qu'ils prépa-
rent bien , & qu'ils vendent cher.

Tout eſt ouvert dans leur pays ; tout commerce eſt
libre. On n'y connoît pas ce qui s'appelle contrebande
ailleurs ; les Marchandiſes , de quelques parts qu'elles
viennent , y ont leur prix & leur débit ; la conſtitution
de leur Etat en eſt cauſe. Les Hollandois ſe ſont faits
par-deſſus toutes choſes les Commiſſionnaires & les
Meſſagers des autres Nations ; rien n'arrive chez eux
d'un côté , que pour en ſortir par un autre.

Ce qui pourroit paroître furprenant, c'eft qu'on n'y connoît pas davantage la fraude des droits fur les Marchandifes ou Denrées ; ils ne font pas confidérables à l'entrée & à la fortie, mais au-dedans du pays ils font énormes, au point de balancer quelquefois le prix même de la chofe. Un feptier de froment, par exemple, vaudra 2 liv. 10 fols, il en payera 40 fols de droits, & ce droit fe payera au Moulin, auffi-tôt le bled mis en farine ; les droits fur la Bierre qui fe braffe & fur d'autres Denrées, ne font pas moins forts ; perfonne n'y trouve à redire ; on fait fon calcul là-deffus, & tout le monde y eft accoutumé.

Peut-être eft-ce la peine qu'on impofe qui retient, car on ne croiroit pas en France qu'il y a peine de mort en Hollande contre un Particulier qui auroit fait braffer une tonne de Bierre fans en payer les droits. A ce fujet on m'a compté qu'il y a peu d'années un habitant avoit fraudé le droit d'un fac ou deux de froment ; qu'il fut découvert ; qu'à force d'amis on le fauva ; mais qu'il en coûta, pour affoupir fon affaire, foixantedix mille florins de Hollande, qui reviennent à plus de cent quarante mille livres de notre monnoye, & c'eft ainfi que cet homme fauva fa vie par la ruine de fa famille.

Le Gouvernement d'Amfterdam, comme des autres Villes, eft févere & rigoureux. Il y a douze Bourguemaîtres ; mais de ces douze il n'y en a que quatre qui ayent la direction des affaires publiques ; on les nomme Régens ; leur Régence dure une année ; ce font pendant ce temps de grands Perſonnages, fort utiles à ceux qu'ils aiment ou protegent; ils diſpoſent en leur faveur d'une quantité conſidérable d'Emplois de toute eſpece, tant dans l'Hôtel de Ville, que dans la Ville même, ſur les Canaux & ſur le Port. Ils accordent la jouiſſance des droits qui ſe payent aux Ecluſes, & ces Ecluſes ſont en grand nombre; ils diſtribuent le Privilége des Barques ou Voitures publiques, qui ſont en plus grand nombre encore, &c.

Mais ils n'ont pas toute l'autorité; il y a pluſieurs dignités de Magiſtrature, qui compoſent des Chambres de Juriſdictions différentes, & l'Autorité Souveraine eſt partagée de maniere que les abus s'y introduiſent rarement.

Nous partimes le Mardi dernier Juillet par la Barque d'Amſterdam pour Utrecht. Il y avoit auſſi loin de notre Auberge à cette Barque, qu'au Port où nous étions deſcendus en arrivant. Il fallut traverſer toute la Ville à ſix heures du matin. M. Tronchin, qui ne ſe contentoit pas de toutes les marques d'amitié dont il nous avoit comblés pendant notre ſéjour, voulut encore nous accompagner juſqu'à Utrecht, & par de-là. Nous nous embarquames donc avec lui à ſept heures ſur un des beaux Canaux de la Hollande, ayant toujours à droite & à gauche des avenues d'arbres & de maiſons plus ou moins près du bord de l'eau, toutes plus ſingu-lieres les unes que les autres.

Les Juifs poſſedent ſur la gauche un très-grand ter-rein. Je doute que leurs premiers Parens ayent jamais eu de pareilles Guinguettes en Idumée.

Sur les onze heures du matin nous mimes pied à terre à un Village, & entrames dans un Cabaret ; la regle eſt de faire là une pauſe d'une demie-heure ſeulement, après quoi vous vous rembarquez, ou la Barque part ſans vous.

Les gens du Cabaret y ſuppléent par un dîner tout prêt, & le voici. Des Anguilles coupées, embrochées, & toutes rôties.

Une jeune Hollandoiſe jolie étoit là, qui de ſon comptoir comme du haut de ſon trône, ſembloit diſtribuer l'aumône à tous venans ; elle accordoit dédaigneuſement à nos prieres de ces morceaux d'Anguilles pour autant d'argent qu'elles valoient ; mais c'étoit de ſa part autant de faveurs, autant de traits de miſéricorde.

L'impertinence & la groſſiereté dans la plûpart des gens, petits ou grands, me réjouit ; mais dans une fille jolie je n'y trouve pas le mot pour rire ; je ne ſçaurois m'en moquer ; ſa vocation eſt de plaire, ou d'affliger quand elle ne plaît pas.

Nous nous affligeames donc, & reprimes le Bateau, qui nous fit arriver à cinq heures à Utrecht, à dix lieues d'Amſterdam ; nous y fumes deſcendre au Château d'Anvers, chez de bonnes gens qui parloient François. Il ſe trouve là des Voitures pour Breda ; mais elles ſont cheres, & ſuivant le conſeil de M. Tronchin, nous primes un autre parti.

Une heure après notre arrivée, nous fumes joints

par M. Peliffary & M. de Neuville. Ce dernier eft un ami & un compagnon d'étude de M. Tronchin, Docteur en Médecine , tous deux jeunes éleves du fameux Docteur Boerhaave de Leyde ; tous deux d'une fcience profonde & d'un mérite diftingué.

M. de Neuville & M. Peliffary nous tinrent compagnie à Utrecht & jufqu'à Viane, à trois lieues de-là, avec M. Tronchin , parent du jeune Docteur dont je viens de parler.

Nous employames le refte du jour à vifiter la Ville, qui eft grande & agréable ; nous en fimes la circonvallation prefque entiere fur les Boulevards ; on y voit un beau Mail ; il eft fi beau que Louis XIV , lors de fes Conquêtes, devenu maître d'Utrecht, ordonna de le conferver.

Cette Ville eft percée comme toutes les autres de la Hollande ; on y voit cependant moins de Canaux à proportion.

Le bruit que les Chartreux de France ont fait par leur évafion & leur retraite à Utrecht , nous rendit curieux de les voir ; un Valet de notre Auberge offrit de nous y conduire. Ce font de ces Valets à tous venans, dont j'ai déja parlé , qui ne laiffent pas d'être utiles aux Etrangers.

Ce Valet nous mena dans une petite Maifon de la Ville, & nous dit qu'il y avoit là quelques-uns des Religieux logés ; nous entrames dans une petite Salle baffe pour l'attendre ; là étoient des feuilles d'impreffion, toutes fortantes de la preffe , & d'une odeur de Janfé-
nifme.

nifme. Dans le moment defcendit un homme en robbe-
de-chambre , & cet homme fut fort interdit ; nous étions
une douzaine, il étoit feul ; à Utrecht même il fe crut
perdu.

Mais nous fumes bien furpris de le voir démêler parmi nous M. Dartaguiette ; ils s'embrafferent, & par
leur reconnoiffance nous apprimes qu'il n'étoit point
Chartreux, mais feulement Diacre du Diocèfe de Bayon-
ne, retiré à Utrecht, après avoir paffé par la Baftille.

Il nous dit que les Chartreux n'étoient point dans la
Ville, mais à deux ou trois lieues de-là , dans une
Campagne, affez mal à leur aife, vivant des aumônes
des Catholiques d'Utrecht ; que ces aumônes fe montoient à 200 florins par an pour chacun , ce qui revient
à 400 liv. de notre monnoye.

Ces Chartreux ont déjà eu quelques méfintelligences
avec l'Evêque de cette Ville, au fujet de la Jurifdic-
tion fpirituelle qu'ils lui conteftent ; cela n'a pas mal
contribué au refroidiffement qu'on a pour eux aujour-
d'hui.

On diftingue en cette Ville, comme à la Haye, les
Eglifes de Janféniftes & les Eglifes Romaines. L'Evêque d'Utrecht n'ayant point été approuvé par le Pape,
les Catholiques Romains ont cru devoir s'en féparer.
Ils en ont fait les premieres démarches ; en forte que
voilà les fondemens d'une nouvelle Secte de Chrétiens,
qui bien-tôt fera auffi diftincte, que celle des Préten-
dus Réformés : voilà un afyle ouvert pour tout ce qu'on
appelle Janfénifte en France ; & il eft à préfumer que

O

le Pays d'Utrecht fe peuplera bien-tôt de Janféniftes, comme toute la Hollande s'eft déjà peuplée de Chrétiens Huguenots, réfugiés de France. Il y en a dans toutes ces Villes d'Hollande un nombre infini, non-feulement-là, mais ailleurs. Un homme de Hambourg nous dit, qu'il y en avoit plus de quatre-vingt mille dans fa Ville feulement. La France ne pourroit pas, fans une providence particuliere, foutenir le dommage de cette défertion.

M. Tronchin qui n'étoit occupé que de nous, trouva fur fon chemin un homme de Viane, petite Ville à trois lieues de-là, fur le chemin de Breda ; cet homme louoit des Caroffes ; il fit avec lui le marché pour deux, fur le pied de vingt-cinq florins chacun par jour ; le Voiturier s'en fut à Viane, & nous y donna rendez-vous le lendemain à fept heures.

Ce fut le Mecredi que nous nous embarquames à cinq heures du matin, fur un Canal que l'on quitte aux abords de Viane, parce qu'on trouve le Fleuve Leck à paffer, & qu'on le paffe en des Batteaux d'une autre conftruction propres à aller à la voile ; à l'autre bord un chariot nous attendoit pour porter notre équipage à la Ville, qui n'eft qu'à d'eux cens pas de-là.

Nous déjeûnames à Viane avant fept heures, dans un Caffé ; les deux Caroffes retenus nous y vinrent trouver : nous nous féparames alors bien pénétrés de toutes les bontés de M. Tronchin, & de Meffieurs de Neuville & Peliffary.

Nous fimes route dans un Pays plat & marécageux,

car tout eſt plaine en Hollande & aux environs ; il ne
s'y trouve pas une éminence qui puiſſe rappeller la Butte
Saint Roch.

Sur les onze heures du matin, nous arrivames à
Gorcum, petite Ville où ſe joint la Meuſe à une autre
grande Riviere nommée Wahal ; nous nous y embarquames avec nos Caroſſes ; le vent étoit contraire ; il
fallut louvoyer & employer plus d'une heure à ce paſſage. Je ne ſçais ce qu'il en coûte pour les Voitures ;
ſuivant notre marcher, le Cocher payoit tout ; nous
n'avions à payer que pour nous, & c'étoit peu de choſes.

De l'autre côté de ces rivieres eſt le Village de Wor-
cum, où il fallut reſter quelque temps pour y rafraîchir
nos chevaux. Nous paſſames je ne ſçai quelle autre petite
riviere ; enſuite laiſſant Gertrud-Imberk à droite, Bol-
duk à gauche, nous fimes dans cette journée la valeur
de vingt lieues de France, & tombames ſur les huit
heures du ſoir à Breda.

Nous y fumes deſcendre au Cardinal Prince ; mauvaiſe chere ; nous étions arrivés trop tard : dans cette
Auberge, comme dans les autres de la Hollande, l'u-
ſage n'eſt point de préparer à ſouper ; on y dîne ſeulement ; cependant nos ſoupers, quoiqu'extraordinaires,
ne nous revenoient ſouvent, comme nos dîners, que
ſur le pied de quarante ſols de France par tête, ou
environ.

Le lendemain nous avions une journée toute ſemblable à faire ; on ſe leva matin ; quelques-uns de nous
plus diligens que les autres, eurent le temps de voir

une fameufe Maifon appartenante au Prince de Naffau, & la trouverent d'une très-grande beauté.

Quant à moi, je ne pus accompagner ces Meffieurs qu'au Temple prochain ; c'eft le plus grand de la Ville. Là eft le Tombeau d'un Prince d'Orange ; c'eft un des beaux morceaux qu'on puiffe voir ; il y eft repréfenté en marbre blanc , couché à côté de la Princeffe fa femme ; aux quatre coins font quatre Héros fur pied, qui fupportent, en forme de dais, une table de pierre de touche d'un demi-pied d'épaiffeur, longue de fept pieds, large de cinq ; la fculpture en eft admirable ; le Prince & la Princeffe femblent plûtôt mourants que morts ; ils paroiffent avoir encore un refte de fentiment : les quatre Héros qui fupportent la table, femblent animés & occupés de leurs attitudes. Je n'ai point vû de plus beau marbre, ni d'ouvrage plus fini ; auffi eft-ce un morceau de Michel-Ange, qui fut apporté de Rome dans le temps. Nous en remarquames quelques autres, mais celui-ci retint toute notre attention.

Nous montames en Caroffes, conduits par les mêmes Cochers & pour le même prix de 25 florins chacun. Nous traverfames ce jour-là un pays affez femblable aux Landes de Bordeaux. On ne rencontre en cette route que de mauvais Villages, ce qui fait déjeûner fouvent, & empêche de bien dîner nulle part.

Nous arrivames fur les fept heures du foir à Anvers, où M. Hamon nous avoit donné rendez-vous ce même jour , & où il arriva en effet une heure après par le terrible Chariot du Mordick.

On ne fait point de voyages fans inconvénient. On ne fort point de fon pays pour entrer dans un autre fans y trouver des mœurs différentes, des ufages contraires. Lorfqu'on ne fçait pas la langue du pays où l'on va, on a beaucoup à fouffrir ; en la fçachant même , on fouffre encore, pour peu qu'on ait l'air étranger ; c'eft ce que les Hollandois connoiffent à merveille. Un Fran-çois auroit beau parler comme eux , ils le reconnoî-troient à fon habit, à fon chapeau, à fon air, à fes attitudes.

On fouffre encore de la variation des efpeces, car le même florin n'eft nulle part de la même valeur; tout cela occafionne une cherté fur toutes les chofes qu'on achette, & généralement fur la dépenfe qu'on fait, lorfqu'on eft obligé de s'en rapporter aux gens du pays.

Quant aux routes , on eft commodément fervi de toutes manieres jufqu'à Anvers; mais de cette Ville en Hollande le paffage eft embarraffant. Nous avons pris en allant la route du Mordick ; c'eft une route que je ne confeille à perfonne.

D'Anvers à Rotterdam il y a une journée; elle eft trop longue , & on ne trouve point de Cabaret où coucher en chemin : de plus, une bonne Berline peut mener au Mordick ; mais elle ne paffe point , & de l'autre côté de l'eau on eft dans la néceffité de monter dans ces Chariots, qui ne font pas foutenables, & dans lefquels on ne laiffe pas de faire fept ou huit lieues de chemin pour arriver au bord de la Meufe devant Rot-terdam. On y arrive fouvent fort tard , quelques mefures qu'on ait pris, parce qu'un vent contraire eft capable de retarder beaucoup au paffage du Mordick ; & l'on a encore cette Meufe à paffer , qui eft très-large devant Rotterdam. Ce fut ainfi qu'étant parti d'Anvers à cinq heures du matin , nous n'arrivames à Rotterdam qu'à dix heures du foir.

Autre inconvénient quand on a paffé le Mordick ; on tombe chez une canaille infolente & voleufe, dont on ne peut fe débarraffer qu'en payant au double & au triple les places que l'on prend dans des Chariots ; & il n'eft, pour en avoir raifon, qu'un expédient cruel ; c'eft de prendre la Diligence, ou le Chariot dès la Ville mê-me d'Anvers ; auquel cas le prix eft réglé d'Anvers à Rotterdam, & fe paye à Anvers d'avance, fur le pied d'une piftole d'Efpagne.

Alors, on court en Chariot d'Anvers au Mordick ; on trouve de l'autre côté de l'eau un autre Chariot tout prêt, qui mene à Rotterdam fans argent ni difcuffion.

Mais cela fe paye bien d'ailleurs, & M. des Rofiers, dans ces Chariots, a regretté plus d'une fois les bidets de pofte qui l'avoient tant fatigué fur le chemin de Châlons.

Je confeille donc à quiconque voudra paffer d'An-vers en Hollande, de louer à Anvers même une Ber-line ; il y en a dans cette Ville à choifir , & à bon compte ; de mener cette Berline à Breda & à Viane , comme nous avons fait au retour ; quand on eft à Viane une fois, on parcourt toute la Hollande à fon aife,

Fin de la premiere Partie.

JOURNAL
DU VOYAGE
DE HOLLANDE.

SECONDE PARTIE

A Hollande finit entre Breda & An-
vers ; c'eſt ce qu'on appelle le Brabant
Hollandois. La différence de ces Pays
eſt ſenſible aux Paſſans ; les abords
d'Anvers ſe font aſſez remarquer par les
Croix, les Chapelles, & autres ſignes
de Catholicité, dont les Hollandois ne veulent connoître ni les vertus ni l'uſage.

Quant à la Ville d'Anvers, non-ſeulement, cela s'y
trouve ; mais encore tous les jours quelque dévotion
nouvelle.

Nous y couchames dans la même Auberge au grand
Laboureur ; nous y louames deux Berlines, à peu près
au même prix que celles qui nous y avoient amenés.
Notre Cocher de Viane fut bien fâché de nous laiſſer

là, il nous auroit volontiers mené plus loin ; mais ses chevaux étoient venus de Viane à Anvers trop vîte, pour continuer le même train.

Nous partimes le lendemain Vendredi 3 Août à cinq heures du matin ; nous arrivames à huit à Malines ; nous y déjeûnames, chez l'Hôtesse du Chaudron, qui fut fort aise de nous revoir.

Nous fumes dîner à Bruxelles au vieux Loup, & primes tout de suite la route de Mons,

A trois lieues de Bruxelles est un gros Bourg nommé Halle, & dans ce Bourg est l'Eglise de Notre-Dame du même nom. On y voit une statue de la Vierge qui fait des miracles continuellement ; plusieurs sont écrits le long des murailles ; nous en remarquames de bien extraordinaires ; entre autres celui d'avoir sauvé du gibet un Paysan qu'on alloit pendre, pour avoir volé à son Maître un Faucon ; le tableau y est & représente le fait. Nous n'eumes pas le loisir de nous arrêter sur beaucoup d'autres, qui n'étoient pas moins dignes de considération. Cette Eglise est fort riche par les présens qu'on y porte de toutes parts. On y vend des Médailles & des Bagues bénites ; c'est-à-dire, que l'on a fait toucher à la Statue, & j'en fis ma provision.

Nous remontames en Carosse ; nous fumes coucher dans le Village de Tubize ; nous n'y fumes point si mal que nous avions pensé : l'Hôtesse & ses Filles se donnerent tant de soin, qu'elles nous firent souper assez bien, & à bon compte.

De Tubise le lendemain nous passames par la ville de Soigniés, & fumes dîner à Mons,   En

En entrant à Mons, il fallut eſſuyer les mêmes formalités qui s'obſervent dans les Villes de Guerre, ſe nommer, dire d'où l'on venoit, & où on alloit, &c.

Nous fumes deſcendre à la Couronne Impériale, Cabaret aſſez mauvais ſur la grande Place; c'étoit jour maigre; nous nous en apperçumes bien.

Pendant le temps qu'on nous faiſoit griller des côtelettes, nous parcourumes la Ville, qui eſt d'un éclat bien médiocre. Nous fumes voir l'Egliſe des Chanoineſſes, qui eſt belle & bien ornée. Un Prêtre deſſervant nous fit remarquer des Statues d'albâtre, entre autres une Réſurrection, dans le Chœur, en bas-relief, dont nous fumes contens. L'Office étoit fini; nous vimes paſſer quelqu'unes de ces Dames d'aſſez mauvais air, avec leurs houppelandes doublées d'hermine; elles ſortoient, nous fimes de même, & fumes dîner.

On trouve à Mons des Berlines à louer fort bonnes; nous en louames deux, à deux piſtoles d'Eſpagne par voiture, pour nous mener à Valenciennes à ſept lieues de-là; toutes ces Berlines ſont à quatre chevaux, & vont très-bien.

Nous partimes de Mons avant une heure après-midi; nous laiſſames à une lieue de-là Saint-Guilain ſur la droite; c'eſt une Abbaye fameuſe par ſes richeſſes & par les Miracles du Saint, dont un entre autres eſt digne de mémoire, & le tableau qu'on y voit la conſerve. Ce Tableau repréſente une ame en peine dans un corps agoniſant; l'inſolence du Diable, qui prétend s'en rendre maître par un coup de dez; ce même Diable qui a l'adreſſe d'amener raſle de ſix ; & Saint Guilain de l'autre côté , qui tout ſimplement amene raſle de ſept , & ſauve l'ame ainſi par ce trait miraculeux.

A une lieue de-là eſt le Village de Kieurain ; nous y fimes raffraîchir nos chevaux ; c'eſt le dernier Village du Hainault Eſpagnol des terres Impériales. Au bout de ce Village eſt un ruiſſeau que l'on paſſe ſur un Pont ſans y prendre garde ; mais on eſt bien-tôt inſtruit par une demie-douzaine d'Algouazils , qu'on voit ſortir d'une maiſon iſolée, à gauche ſur le chemin, qui apprennent aux paſſans qu'ils ſont dans le Hainault Fran-çois , terres de France, que par conſéquent il faut en-durer les viſites & les perquiſitions ; à quoi ils procedent juſqu'au ſcrupule ; le tout pour avoir la ſatisfac-tion de dreſſer quelque Procès-verbal.

Aux environs de ce lieu ſont pluſieurs Mines de charbon de terre qui ſe tranſporte dans l'ancienne & nouvelle France ; les hommes de peine qui y travaillent mériteroient plus qu'ils ne gagnent, par le danger qu'ils courent dans ces Mines. Elles ſont très-profondes ; les voûtes en ſont mal étayées ; & comme aucun ciment ne lie & ne contient ce charbon, il en tombe ſouvent des blocs qui les écraſent ; d'autre fois à force de creuſer & d'aller en avant, ils rencontrent des ſources qui entrent avec irruption & les engloutiſſent, d'autre fois il leur arrive de donner des coups de pioche dans de certaines veines ſi ſulphureuſes, que le ſouffre s'allume comme une poudre à canon, & les réduit en cendre comme un feu de tonnerre. Il en étoit mort quelques-uns nouvellement, de ce dernier accident, lorſque nous paſſames.

Le même jour Samedi 4 Août , ſur les ſix heures, nous arrivames à Valenciennes. Je fus deſcendre chez M. Brehon, qui m'attendoit ; mes Compagnons ſe logerent dans la Juriſdiction même des Conſuls , chez Berenger leur Concierge, Aubergiſte & Traiteur ; ce fut chez lui que je fixai mon ordinaire ſur le pied de huit à dix couverts à quarante-deux livres par jour, non compris le vin.

Ma préſence en cette Ville anéantit bientôt l'idée que je m'en étois faite. Sans le commerce des dentelles, qui ſe ſoutient un peu, je n'en ferois pas plus de cas que de Mons.

La Maiſon de M. de Sechelles , Intendant , y eſt très-bonne ; M. de Saint-Maurice qui y commande, y vit honorablement ; reſte deux ou trois Dames que l'on voit tous les jours par-tout ailleurs que chez elles. Voilà Valenciennes. Sans deux ou trois Régimens qui y étoient, cette Ville m'auroit paru d'une étrange nudité. Il y avoit une Comédie Françoiſe, dont les principaux Acteurs étoient Clavareau & ſa femme, la fille de l'inſupportable Amoche ; ces Acteurs joints au reſte donnoient de quoi rire à Crebillon , & de quoi pleurer à Moliere. C'eſt-là l'unique paſſe-temps de la Ville, & c'eſt de quoi nous fumes les triſtes témoins pendant l'eſpace de ſix jours.

On voit dans cette Ville une Egliſe regrattée & blanchie en dedans, aſſez belle & gothique ; une autre plus fréquentée eſt celle des Jacobins ; ces Religieux ont chez eux un Tableau d'une belle ordonnance & très-d'un beau deſſein. C'eſt un S. Dominique mourant, du nombril duquel s'éleve un arbre à haute tige ; cet arbre eſt très-épais, chargé de branches & de feuilles : l'idée du Peintre a été, que de la féve de Saint Dominique devoient ſe philtrer & ſe produire, le long de la tige de l'arbre, des Dominiquains à l'infini, puiſqu'en effet à toutes les branches, & à la pointe des feuilles, on voit des Dominiquains en miniature, ſuſpendus, prêts à tomber ſur la terre, & à l'enrichir des tréſors de vertu & de ſainteté du Fondateur.

Le Samedi onze Août, nous reprimes le train de la poſte dans nos Chaiſes, qui nous avoient attendus à Valenciennes pendant notre voyage de Hollande. Nous en partimes à neuf heures du matin, & arrivames en moins de deux heures à Condé ; nous fumes deſcendre ſur la Place au Lion d'or, aſſez bonne Auberge ; je ne vis rien dans cette Ville dont on peut remporter le ſouvenir juſques dans le Fauxbourg. Nous en parrimes ſur les ſix heures ; il faiſoit alors une chaleur étrange, chaleur égale à celle que nous avons endurée à Valenciennes pendant notre ſéjour, & qui me parut d'autant plus ſenſible, que dans mon voyage de Hollande j'avois été obligé ſouvent de mettre la redingotte.

Sur les ſept heures & demie du ſoir, nous arrivames à l'Abbaye de Saint-Amand, de Bénédictins non réformés ; elle eſt célebre par cinquante mille écus de rente qu'elle a, & par l'hoſpitalité qu'on y exerce. Nous y entrames douze ou quinze que nous étions, tant Maîtres que Domeſtiques. Le Sous-Prieur nous y reçut en l'abſence de l'Abbé ; non de l'Abbé, mais du Coadjuteur. Il faut obſerver que cette Abbaye, qui appartient au Cardinal de Geſvres, doit retomber dans la Regle après ſa mort, & que ce Coadjuteur eſt un Religieux qui l'a obtenue depuis peu.

On plaça mon frere & moi dans l'appartement de l'Abbé ; il eſt compoſé d'une grande chambre, d'une eſpece de ſalle des Gardes, de pluſieurs autres chambres de ſuite, ſpacieuſes & fort élevées ; c'eſt de quoi loger un Souverain.

La cour de cette Abbaye eſt grande, mais peu réguliere ; elle eſt entourée de quatre corps de logis de différentes architectures ; tout cela contient un tres-grand logement, tant pour les Religieux, que pour les gens qui y viennent.

Nous y ſoupames aſſez frugalement ; c'étoit jour d'abſtinence ; nous y étions arrivés tard, & en grand nombre.

Le lendemain matin Dimanche, nous fumes à l'Egliſe de ces Religieux ; c'eſt un de leurs Abbés qui ſeul a entrepris & fini ce Bâtiment, il y a cent ans ou environ.

En entrant par la grande porte de cette Egliſe, elle paroît d'une conſtruction bien particuliere ; elle forme la croix comme l'Egliſe d'Anvers, & bien d'autres ; mais les aîles en ſont beaucoup plus larges par porportion : & ces aîles ſont des galleries de trente pieds d'élévation, vaſtes & claires, par leſquelles on fait le tour ; on y voit pluſieurs Autels particuliers, ornés de fort beaux tableaux de Rubens, & d'autres Auteurs.

Le Maître-Autel qui fait face à la porte d'entrée, eſt encore plus élevé que ces galleries ; en ſorte que du bas de l'Egliſe, on voit le Prêtre à l'Autel, à plus de quarante pieds de hauteur ; ce qui eſt infiniment plus majeſtueux & plus impoſant que nos Autels communs, qui ſont preſque au rez-de-chauſſée.

Si du bas de cette Egliſe on veut monter au Chœur des Religieux, où eſt le Maître-Autel, on n'a que trente ou quarante pas à faire pour ſe trouver au pied d'un grand eſcalier de marbre par lequel on arrive d'abord aux galleries ; des galleries on entre dans le Chœur, & du Chœur on monte à l'Autel.

C'eſt de-là qu'il faut voir le portique de l'entrée ; la voûte en eſt ſculptée de moſaïques, ſoutenue par des colonnes de marbre noir & blanc très-délicates ; elle s'incline & s'abbaiſſe à meſure qu'elle s'éloigne des yeux, & qu'elle fuit en dehors, ce qui dans la perſpective ſemble accroître de beaucoup ſa profondeur, & en fait un point de vûe qui arrête les yeux. Au-deſſus eſt un magnifique buffet d'orgues, où l'on admire, entr'autres ſculptures, un Roi David, parmi des corps glorieux, la Lire ou la Harpe à la main, dans des attitudes de danſe de joye & de tranſport, qui repréſentent à merveille les ſaints excès d'un amour divin.

Quelques-uns de nos Compagnons, touchés de la beauté de ces figures glorieuſes, du goût exquis de

l'architecture, des ornemens & des graces qu'ils trouvoient dans la conſtruction de ces galleries ; de ce tout,
peu reſſemblant à nos triſtes Egliſes de France, ſe figu-
rerent que les Temples de Créte & de Gnide y auroient eu beaucoup plus de rapport, & cela ſe peut,
quoique les Temples de ce temps-là n'euſſent pas beſoin de ſecours étrangers, pour attirer les peuples, &
exciter le zéle des Dévots. Hélas ! il s'y rendoit un
culte, qui par lui-même rappelloit & rallumoit aſſez.
Culte d'impureté & de ſouillure, que nos ſaintes Miſ-
ſions n'ont point encore anéanti ni renverſé, & qui,
ſi Dieu n'y met la main, s'obſervera juſqu'à la conſom-
mation des ſiecles, dans les caves & dans les greniers.

Après la Meſſe, il arriva un renfort d'Officiers de la
Garniſon de Valenciennes ; nous nous trouvames une
vingtaine à dîner. L'on fit deux tables ; le Pere Sous-
Prieur dîna à l'une avec nous, un deuxiéme Religieux
fit les honneurs de l'autre, & il avoit l'air d'y être accoutumé. On but du vin pur, militairement, par-tout,
on ne ſe laſſa pas de boire les ſantés, les inclinations
même du Sous-Prieur. J'entendois alternativement cé-
lébrer ſon Confrere, que l'on nommoit Pere-Maître ;
je demandai s'il étoit Maître des Novices ; le Sous-
Prieur ſe moqua de moi, & me dit, que c'étoit le Pere
Maître-d'Hôtel : je me tus, & j'eus honte de ne l'avoir
pas deviné.

Il n'y a point de poſte à Saint-Amand : il faut envoyer chercher des chevaux à Mande à une lieue de-
là, ce que je fis ; nous partimes à trois heures, & arri-

vames à Douay avant sept heures , c'est-à-dire , mon frere & moi , & ceux qui nous accompagnoient ; quant aux autres, qui faute de chevaux avoient été obligés de mener jusqu'à Douay leurs Carosses de Valenciennes, ils n'entrerent point à Douay ce jour-là. De Saint-Amand on a six lieux à faire dans des sables, dont on se tire mal-aisément. Ces Messieurs n'arriverent à la porte de Douay qu'à dix heures ; les Ponts étoient levés, il fallut rester-là ; heureusement pour eux il se trouva un Cabaret , & dans ce Cabaret une Madame la Ramée, qui leur donna beaucoup de vin de Champagne, & les tint gaillards toute la nuit.

Avant d'arriver à Douay, notre premier projet étoit d'aller nous reposer trois ou quatre jours , non pas à l'Abbaye de Saint-Amand, mais dans la Forêt, au lieu où est la Fontaine , à une demie-lieue de l'Abbaye ; l'Eté est la saison convenable pour ces Eaux ; on les estime bonnes pour la gravelle, & autres incommodités qui y ressemblent ; elles sont extrêmement sulphureuses ; on leur trouve un goût d'herbes pourries, comme aux eaux d'Aix-la-Chapelle ; beaucoup de gens en disent du bien, beaucoup d'autres du mal. Le Chevalier de Flotte de Marseille avoit fait deux cens lieues exprès pour s'y rendre & pour y guérir d'une de ces incommodités dont je viens de parler ; nous le trouvames à dîner à l'Abbaye, il en revenoit, & nous dit que son mal avoit augmenté ; il avoit pourtant bû ces Eaux pendant trente jours.

Nous n'avions, graces au Ciel, aucunes des raisons

qui

qui y menent; nous ne voulions qu'habiter une folitude pendant quelques jours, & nous délaſſer enſemble de nos courſes & de nos diſſipations. Mais il n'y a qu'une maiſon aux lieux où ſont ces ſources ; & cette maiſon, toute grande qu'elle eſt, étoit preſqu'occupée, & n'avoit pas de quoi nous loger tous.

Si nous manquames le ſéjour de cette ſolitude, nous en trouvames une parfaite à Douay, à laquelle il ne manquoit que ce qu'on trouve aux autres ordinairement, c'eſt-à-dire, les Fontaines, la verdure, la promenade, &c.

En cette Ville nous fumes loger au petit Verſailles, Cabaret ſur la place, des meilleurs; vis-à-vis ce Cabaret en eſt un autre qui m'a paru la plus belle maiſon de la Ville, d'autant qu'il eſt bâti à neuf de pierre de taille, & qu'on ne voit par-tout ailleurs que de vieux toîts & de vieilles briques.

Les Habitans de la Ville de Douay ne ſont pas en grand nombre. Il eſt étonnant qu'un Parlement, cinq ou ſix Bataillons en garniſon, deux ou trois mille Ecoliers de l'Univerſité, n'y faſſent pas plus de bruit.

Cette Ville n'a preſque point de commerce ; toute ſa richeſſe eſt d'attirer, par ſon Univerſité, des Ecoliers du Hainault Eſpagnol, ou du Brabant, qui leur payent en florins d'aſſez groſſes penſions. De-là vient que la profeſſion la plus ordinaire à Douay, eſt d'y tenir des Penſionnaires chez ſoi.

Nous reſtames deux jours dans cette Ville, non pas pour aucune affaire ni par aucun plaiſir; il ne s'y trouve

Q

rien de tout cela ; mais pour y être tranquilles, pour y jouir de nous-mêmes, & fur-tout de M. Dupleffis, ces deux jours de plus. Son Régiment étoit à Rocroy, il en étoit abfent depuis fix femaines, ce fut là qu'il nous quitta pour le rejoindre.

Le Mercredi 15 Août, nous abandonnames cette Villaffe ; nous partimes à huit heures du matin en pofte, & arrivames à Lille à onze heures.

Les gens que j'avois envoyés devant pour me retenir un logement, m'apprirent, en entrant dans la Ville, qu'il falloit aller fur la place à la pofte Royale.

J'aurois pris ce Cabaret pour l'Intendance ou le Gouvernement, tant il reffemble peu en dehors, à ce qu'il eft pourtant bien au-dedans. J'occupai, avec mes Compagnons & mes Domeftiques, une bonne partie de cette maifon ; cela fe payoit ; il m'en coûtoit 24 francs par jour, y compris feulement la nourriture de cinq Domeftiques.

Nous trouvames fur la porte de ce Cabaret, deux originaux, qui n'y étoient que pour être obfervés ; je ne fçai lequel des deux fervoit de modéle à l'autre ; mais ils avoient de commun tout le ridicule des modes dans leur parure, & toute la fuffifance Gafconne dans leur maintien. J'admirois comment d'une pâte Lilloife on avoit pû boullanger ces Bordelois ; j'en riois déjà, mais on me retint, c'étoient des gens de confidération, dont par conféquent les noms me font échappés.

Le moment d'après je m'entendis appeller d'une voix de baffe-taille ; c'étoit Lucas, Capitaine d'Artillerie, mon ancien ami, qui demeuroit dans cette Auberge, & qui dès le jour même me fit connoître la meilleure partie de la Ville & de ses Habitans.

Lille alors étoit dénué de ce qu'on y appelle les puissances, & il n'en faut pas davantage pour jetter toute une Ville de Province dans le desœuvrement : quant à moi, je commençai par en être bien-aise ; mais j'avois tort. M. de la Grandville ne ressemble point à quelques Intendans que je nommerois bien ; c'est un homme d'esprit, un homme d'un mérite aimable. M. de Cebret, Lieutenant de Roi, a passé sa vie à la guerre & dans le plaisir, & vit à Lille comme il vivoit à Paris parmi les Militaires, les jolies femmes & ses amis ; cela dit tout. Dans le peu de temps que j'ai vû ces Messieurs à leur retour, j'ai compris que leur présence en cette Ville, à tous égards, n'y peut faire qu'un grand bien.

Mon ami Lucas me présenta ce jour-là même dans une Maison où se tenoit l'Assemblée ; car Lille, tout grand qu'il est, ne peut fournir qu'un petit tourbillon de douze ou quinze femmes au plus ; ce n'est pas qu'en cherchant on ne pût en trouver quelques autres, mais ceux-là sont regardés comme subalternes, & n'ont rien de commun avec celui-ci.

Je vis dans cette Assemblée M. le Chevalier de Pezeu, Gouverneur de la Citadelle de Lille, l'homme du monde le plus poli ; il est parvenu à l'âge où l'on disoit à Ninon de l'Enclos qu'on lisoit encore dans ses yeux l'histoire de sa vie ; cela peut se lire de même sur toute sa figure ;

elle peut encore aujourd'hui faire l'histoire de ses beaux jours passés.

Il y avoit-là quelques filles ou femmes dont les yeux faisoient d'avance l'histoire de leurs beaux jours à venir, cela m'intéressoit davantage, & j'en considérois une entre autres, grande, vive & légere, toute propre à mettre dans mon Harem, si je l'eusse trouvée à la Foire du Caire ou d'Alep; mais je pris garde que nous étions à Lille, pays de France, & il me fallut étrangler mes desirs. Ce ne fut pas sans peine; & on a beau dire, les appétits charnels ne sont point du tout des chimeres; ils sont essentiels à notre constitution; ils en résultent forcément, comme la soif & la faim. Cependant on est libre de satisfaire & d'appaiser ceux-ci. Eh! pourquoi donc notre déplorable état veut-il que nous nous laissions dévorer par les autres? Car je ne parle pas du prétendu remede qu'on y applique, lorsqu'on nous lie pour toute la vie à un même sujet; ce remede n'est qu'une misere de plus, intolérable comme le mal même, puisqu'il impose un joug sous lequel un esprit libre ne peut fléchir, puisqu'il tend à fixer l'inconstance naturelle des goûts, que jamais rien n'arrêtera. Orientaux! mes amis! ne serez-vous jamais nos modeles. C'étoient à peu près là mes réflexions, lorsque les piquets & les quadrilles finirent, & que l'Assemblée se dispersa. Nous suivimes, Lucas & moi, cette belle tige de fille; nous fumes avec elle au Cours; c'est le rendez-vous de toute la Ville; la promenade en est belle & spacieuse entre les murs de la Ville & les glacis de la Citadelle.

A portée de-là eſt un bâtiment neuf extraordinaire-
ment élevé, & qui paroît l'être d'autant plus qu'on l'a
conſtruit au milieu de l'herbe où il eſt iſolé. Ce bâtiment eſt un Magaſin général pour toutes ſortes de
grains & de denrées; il en peut contenir de groſſes
quantités, & approviſionner la Ville dans un temps
critique; mais ſi par malheur le feu de la guerre ſe rallumoit en Flandres, ſi un autre Eugene revenoit aſſiéger
Lille, un autre Boufler ne garantiroit pas ce Magaſin,
& n'empêcheroit jamais, de quelque côté qu'on en fît
l'attaque, qu'on ne tirât deſſus comme au blanc.

Après avoir vû la Comédie de Valenciennes, on peut
tout voir ſans honte. Le lendemain de notre arrivée on
joua ſur le Théâtre de Lille la Tragédie de Mariamne;
le nommé Freville, qui repréſentoit Hérode, eſt bon;
il récita avec plus de feu que d'intelligence; je lui en
ſçus bon gré, j'en ſentis beaucoup moins le ridicule de
ſon perſonnage. Il y avoit là un Varus repréſenté par
un cadet Quinaut, qui s'eſtime dès-à-préſent au pair
de ſes freres; mais je trouvai qu'il n'avoit de commun
avec eux que quelques défauts, dont les uns ni les
autres ne ſe corrigeront jamais. Celle qui jouoit Mariamne eſt une Actrice renommée; mais en vérité Co-
lombine, ſurnommée Camuſon, de la Foire, ne m'a
jamais autant déplu. Ce n'eſt pas que les gens de Lille
ayent tort de l'aimer; car je le dis toujours, je ne blâme
perſonne, & je ne parle comme les autres, que d'après
mon préjugé. C'eſt ſur cela même que je ferois les
cornes à ces gens de goût, qui ne veulent voir que la

moitié des chofes, qui fe cramponnant à de miférables maximes d'école, viennent vous dire le vrai eft un. Eh! qu'eft-ce que le vrai ? Le naturel. Eh ! qu'eft-ce que le naturel ? Entendez-vous le maintien, les attitudes reçues dans le monde , le ton que la paffion donne elle-même pour s'exhaler telle qu'elle eft ; mais où trouverez-vous quatre perfonnes qu'une même paffion détermine à des attitudes toutes femblables ? Où en trouverez-vous deux de qui la même paffion forte & s'exprime naturellement par le même ton ? Effacez pour un moment de votre efprit les modeles de goût que tel ou tel Acteur y a créés, choififfez de ces Acteurs, degagés du fervile ufage d'emprunter les uns des autres ; vous les verrez affectés d'une même paffion, autant qu'ils peuvent l'être, l'exprimer & la rendre avec tout ce qu'ils ont d'entrailles & de fenfibilité ; & vous les verrez, ces Acteurs, emportés par des routes qu'ils fe feront eux-mêmes, dans lefquelles ils ne fe rencontreront pas, & par lefquelles pourtant ils vous arracheront, vous entraîneront, & vous éleveront à leur point. Tout Paris étoit-il un fot il y a vingt ans, lorfque le plus laid des hommes, Beaubourg, le charmoit dans Moncade ? lorfqu'il le raviffoit dans Rodrigue & Cinna ? N'avoit-on ni jugement ni goût, lorfque la Duclos, fous l'apparence de Phedre ou d'Ariane, faifoit fondre toute la France en larmes ? & les admirateurs de ce temps-là font-ils mieux fondés que ceux d'aujourd'hui, les uns à dire que Mithridate & Céfar n'étoient que des Bourgeois dans Baron ? qu'Electre & Monyme n'é-

toient que des Commeres dans la Couvreur ? les autres
à foutenir que la Duclos ne fut jamais qu'une lamen-
table, piaillarde, & Beaubourg un Baladin effrené ?

Je fuis prefque fâché d'être à Lille, & d'avoir un
voyage à finir ; je m'amuferois à démêler ces petites
erreurs de difcernement ; je les irois chercher dans leurs
fources, & tâcherois de les expofer dans un grand jour,
pour me mettre moi-même hors de furprife & en état
de les éviter.

Je paffai deux jours à Lille ; j'y fis connoiffance avec
M. & Madame de la Porte ; je trouvai chez eux un autre
de mes anciens Camarades ; c'étoit Bullion. Je fus d'a-
bord furpris de le voir hors de Paris, éloigné de fa
famille, établi en enfant de maifon chez M. de la Porte,
& ne penfant pas qu'il y eût pour lui une autre patrie
dans le monde ; je le compris bien quand je connus le
caractere des maîtres, la tendreffe & l'amitié qu'ils ont
l'un & l'autre pour lui.

La nature nous donne nos parens ; mais nous nous
créons nous-mêmes des amis ; c'eft un acquêt où chacun
trouve fon compte ; c'eft un commerce réciproque, dont
on fait les frais à l'envi ; c'eft une jouiffance qu'on fe
donne, & qu'on fe rend, qui flatte inceffamment l'a-
mour qu'on a pour foi-même ; & comme ce fentiment
nous accompagne par-tout, nous ne nous plaifons jamais
tant qu'avec ceux de qui nous fommes aimés. Voilà
toute la philofophie de Bullion, & la mienne.

Mon deffein n'étoit pas de féjourner à Lille long-
temps ; les vifites, les repas, diffipoient trop mes Com-

pagnons, & moi-même ; & nous nous en plaignions déjà , lorsque M. Cuvelier , Receveur des Fermes à Lille, nous offrit sa maison de campagne d'Houplines, qui n'étoit qu'à deux lieues de Lille, entre Lille & Armantieres, à une demie-lieue d'Armantieres seulement : nous fumes le lendemain nous y établir.

Le Village d'Houplines appartient à M. le Prince d'Yfenguien ; on n'y voit point d'habitation Seigneuriale ; mais tout ce qui l'environne pourroit se prendre pour l'habitation des Fées : la maison que j'occupois sembloit être leur ouvrage, & bâtie de la veille, d'un coup de baguette, à en juger par son air neuf, net & galand. On traversoit les Jardins, marchant sur les fleurs, touchant les plus beaux fruits du monde, qui restoient dans la main. Ces Jardins se terminoient en terrasses, d'où l'on régnoit sur un grand horison. Au pied de ces terrasses couloit une eau claire comme l'au d'Arethuse ; c'étoit la Lys, qu'on devroit nommer une jeune riviere, tant elle est mignone & légere ; tant elle a de transparence & de fraîcheur ; tant elle va & revient, se recherchant elle-même, folâtrant & se jouant dans toute la Prairie, qui fait la vuë de la maison ; c'est ainsi qu'elle passe à Armantieres, qu'elle va arroser les Campagnes de Menin , de Courtray & de Gand, où elle est reçue dans un joli Canal, qui la conduit à Bruges , & enfin à l'Ocean.

D'Houplines jusqu'au Pont d'Etaires à quelques lieues de-là, cette petite riviere fait la séparation des deux Empires ; les Terres de France sont à gauche , celles

de

de la Flandre Espagnole à droite ; mais la jeune riviere est à nous, & la France a bien fait de ne la point
céder à d'autres ; car indépendamment des agrémens
qu'on lui trouve, elle est navigable à Houplines, & on
en tire beaucoup d'utilité.

C'est de plus sur ses bords qu'on étend les toilles qui
se font dans le pays ; & c'est-là qu'on les blanchit à la
rosée du Printemps, & dans l'Eté, avec le secours de
ses eaux, dont tous les jours on les arrose, & qui ne
tarissent jamais.

Les Maisons du Village sont assez dispersées. On voit
dans cette Campagne, un grand nombre de Moulins,
soit pour le Bled, soit pour la graine de Colsa, dont
l'huile sert à nos Manufactures ; on y voit paître ou
reposer sur l'herbe des bestiaux sans nombre ; on ne
s'arrête nulle part là, que la fille de la maison ne se
présente, ne vous offre du beurre frais, de couleur
d'aurore, qu'elle vient de faire, ou des fromages de
lait, dans la petite corbeille de jonc qu'elle a faite.

Je parcourois un jour cette Prairie avec quelques-
uns de mes Compagnons ; nous nous y admirions nous-
mêmes dans la mollesse de cette jouissance, & de ces amu-
semens champêtres ; nous nous promenions le long de
la Lys ; le fil de son eau nous séduisit ; nous fumes tout
étonnés de nous voir à Armantieres ; mais nous le fumes bien davantage à l'aspect de deux jeunes personnes, qui se promenoient comme nous, & sembloient
venir sur notre chemin ; elles nous parurent étrangeres
en ce pays-là, comme nous-mêmes. L'une, la plus

R

jeune, étoit de moyenne grandeur, avoit dans les yeux & dans la phifionomie, une vivacité, une gayeté d'enfant qui fe remarquoit en même-temps que fa fraîcheur & fon embonpoint, & du premier coup d'œil, faifoit voir au travers de tout cela, un cœur libre, exempt de peine & de fouci.

L'autre étoit grande ; elle excédoit un peu la taille des Nymphes ; elle étoit fine & lefte, comme la beauté du Titien ; un peu brune, des grands yeux noirs très-vifs, avec de grandes paupieres qui fembloient y former une ombre, pour en rendre les regards plus doux. Une bouche charmante, mais qui s'ouvroit peu, & qui n'ofoit guéres, que fourire au plaifir : on voyoit fur fon vifage, & fur toute fa figure, une modeftie, une douceur, une forte de mélancolie tendre, qui ne part jamais que d'une ame vertueufe, & d'un cœur délicat.

Je ne fçai pourquoi je m'adreffai d'abord à la plus jeune : je lui demandai par quelle fortune nous avions le bonheur de les voir-là : elle me répondit, qu'elle étoit à Armantieres depuis quelque temps ; que fa fœur y venoit toutes les années dans cette faifon, parce qu'elle trouvoit l'air d'Armantieres, le plus fain de tout le Pays. Je n'en demandois pas davange, pour entrer en converfation avec fa fœur aînée, d'autant qu'elle me dit, qu'elle connoiffoit fort nos Hôtes, & qu'elle fçavoit que nous étions tous à Houplines ; nous nous entretinmes long-temps des féjours d'Houplines & d'Armantieres, de leur voifinage & de leur proximité, de la beauté des promenades, qui feules les féparent ; de la commodité de cette petite riviere, fur laquelle on pouvoit faire fi doucement la même promenade en batteau ; fur ce qu'il étoit raifonnable & jufte, enfin, de fe voir, de fe fréquenter, de s'aſſocier même, pour jouir encore mieux, les uns par les autres, des agrémens de ce beau Pays.

Nous les conduifimes le plûtard qu'il nous fut poſ-fible jufques dans leur maifon ; nous y trouvames leur mere, que je ne cherchois pas ; elle me parut en peu de temps, ce qu'elle m'a toujours paru depuis, une femme impérieufe, défiante, peu fenfible aux foibleſſes d'autrui.

On vient à bout de ces meres-là comme des autres : je lui fis tant d'amitié, tant de careſſes, tant de baf-feſſes, qu'elle me trouva de fon goût, & qu'elle me promit de venir le lendemain fouper dans la maifon d'Houplines, avec fes filles, chez moi.

Elles y vinrent en effet, & elles ne s'y trouverent pas feules. Nos Hôtes y étoient avec toute leur famille, qui mérite bien que j'en faſſe mention ; c'étoit cinq filles de la riche taille, la plûpart belles, toutes d'une figure revenante & d'une phifionomie vive, toutes ai-mant à danfer, chanter & fouper.

Le Maître de la Maifon ne contribuoit pas mal à tout cela ; il avoit de bonnes provifions de vin de Cham-pagne de 1728, de 1724, même de 1719, & ne de-mandoit qu'à s'en défaire ; Dieu fçait combien fur cela nous l'avons fatisfait.

Avant ce premier fouper, je repris avec la fœur

aînée ma converſation de la veille; j'appris qu'elle n'é-
toit point fille, mais femme depuis deux ans, & veuve
depuis quinze mois, d'un homme riche qui lui a laiſſé
ſon bien. Cet éclairciſſement me plut beaucoup; le
langage qu'il faut tenir aux filles bien nées, a toujours
quelque choſe de trop compaſſé, pour n'être pas em-
barraſſant; leur état même demande qu'on ait ces égards
pour elles, mais l'état de veuve n'en exige pas tant;
& j'eus avec celle-ci l'eſprit à l'aiſe dès ce premier
ſoir. Nous ſoupames bien & long-temps; nous rappel-
lames nos chanſons, nos trios; la jeune Veuve ſe trouva
Muſicienne, & chanta comme nous. Après le ſouper
nous danſames; mais l'aurore n'étoit pas loin; la mere
y prît garde, & craignit que le Soleil levant ne la ſur-
prît en cet état; elle juſtifia le mieux qu'elle put cette
ſuperſtition Mahométane, mais elle partit, & emmena
ſes filles.

Vous jugez bien que ce ne fut pas ſans quelques
arrangemens préliminaires de ma part; je veux dire,
ſans tirer d'elle une ſoumiſſion de revenir le lendemain;
elle revint en effet, & ce lendemain-là ſe paſſa mieux
encore que la veille. Ce fut ainſi que de jour en jour
nous nous accoutumames toujours davantage les uns
aux autres, & que le fatal moment de la ſéparation
vint avant d'avoir eu le temps d'y penſer. Tantôt elles
venoient d'elles mêmes à Houplines; tantôt nous allions
à Armantieres les enlever : quelquefois nos Caroſſes
ſe rencontroient ſur le même chemin; la voiture ordinaire pour le retour étoit un Batteau couvert, & la

Lys étoit-là, toujours prête à fervir : fouvent après le fouper nous faifions la route avec elles fur cette riviere. C'eft là que comme dans un vrai fonge, j'entrevoyois à peine de chaque côté ces belles campagnes, qui n'étoient alors éclairées que du feul Croiffant; fon peu de lumiere déplaçoit tous les afpects; je n'y reconnoiffois plus les mêmes maifons, les mêmes allées d'arbres, qui fuivoient le cours de la riviere, & fembloient renverfés fur la glace de l'eau ; c'eft-là que près de ma jeune Veuve je me croyois tranfporté fur l'Indus ou le Gange, dans une Région toute nouvelle, dans la terre délicieufe du Royaume de Kachemire, dans les campagnes enchantées de la Reine de Katay ; que les illufions ont de charmes ! & qu'il eft trifte quelquefois de les voir finir.

La ville de Lille préparoit alors un feu de joye pour la naiffance d'un fils de M. le Duc de Boufflers. M. de la Grandville y donnoit une fête; il m'avoit fait l'honneur de m'y inviter; je me féparai pour un jour d'Houplines, & j'y fus; c'étoit le 16 d'Août; toute la Ville étoit illuminée, on alluma le feu de joye; M. de la Grandville donna un magnifique repas, après lequel il y eut Bal ; la plus grande partie de la nuit fe paffa dans ce mouvement. Quant à moi, je me retirai chez M. de la Porte, où je ne fongeai qu'à mon repos.

Le lendemain Houplines me rappella ; je fentois qu'on m'y attendoit, & cela fe fent fi bien, quand on craint de fe faire attendre, & quand on veut foimême aller.

Je m'occupai une partie du jour à choifir chez les Marchands curieux de Lille des palatines, des rubans, de belles fleurs fur-tout, dont je compofai un Bouquet. Je fis un affortiment qui me fournit de quoi fêter toutes mes Compagnes de Houplines, que je devois retrouver le foir. Je métamorphofai mes préfens en une Loterie, qui fe tira le foir même avec tout l'appareil d'une Loterie de conféquence; mais avec cette différence, que chacune y eut un Lot.

Je ne m'inquiétois que du Bouquet; il tomba où je l'avois deftiné; je le plaçai moi-même fur le fein de la jeune Veuve.

Un Sultan qui auroit fait cette démarche, auroit été dans le moment même fervi. Toutes les femmes de fon Serrail, par jaloufie, par difcrétion, même par devoir, auroient d'abord difparu & laiffé le Sultan libre, pour s'expliquer tête à tête fur les motifs de cette préférence; mais je vis au contraire toutes ces femmes contentes, joyeufes & infenfibles, m'environner & m'accabler de leurs complimens. On fervit le fouper, qui fe paffa comme les autres, & il ne pouvoit être plus vif.

Mais enfin ces foupers dégénérerent : trois femaines s'étoient écoulées; mon féjour étoit prefcrit : il fallut fonger au départ. Je ne veux point me rappeller tout ce qu'il me coûtât; je briffe là-deffus, & ne demande qu'à n'y point penfer. Sage Minerve ! Vous arrachâtes Ulyffe des bras de Calypfo : vous ne vouliez pas qu'il fût heureux près d'elle; vous le forçâtes de quitter tous les charmes de la vie, & de leur préférer les écueils, les monſtres, & l'horrible gloire des combats. Je ne vous en blâme point, vous pouvez continuer de faire le malheur des Héros qui encenſent vos Statues : je ne m'en ſoucie guéres : mais de quel droit, étendre vos tyrannies, juſques ſur des hommes qui n'ont que faire de vous être connus ? Miſérable raiſon ! tu ſeras toujours la même, toujours le fléau des plaiſirs d'ici-bas, toujours le bourreau du cœur humain ? Pardon, j'étois à Houplines encore tout occupé de mon départ.

Nous partimes donc le 7 de Septembre en deux caroſſes de louage à 50 liv. par jour pour toutes choſes ; j'avois envoyé mes chaiſes m'attendre à Dunkerque, qui n'eſt qu'à 12 lieues de Lille, parce qu'il nous reſtoit encore un petit tour à faire avant d'y arriver ; nous voulions voir Tournai, Courtrai, Gand, Bruges & Oſtende. Ce n'eſt pas que nous n'euſſions bien pû nous ſervir de nos chaiſes dans toute cette route, où il y a des poſtes réglées ; mais ces poſtes ſe payent au double à cauſe des changes ; & nous ne ſongeames point à prendre ce parti ; d'autant moins, que ces deux caroſſes étoient deux bonnes voitures, où nous marchions enſemble, fort commodément. Ce fut ainſi que par un beau chemin, bien pavé, nous arrivames en moins de quatre heures à Tournai.

Les terres de France, de ce côté là, ont leurs limites à trois lieues de Lille, où eſt un petit Village, dont le nom m'échappe ; là eſt un dernier Bureau qui en dépend ; à une portée de carabine, il s'en trouve un autre

dépendant de Tournai, terres d'Empire, il n'en eſt
qu'à trois quarts de lieue.

Les Commis nous y arrêterent ; nous n'avions point
de bagage, nos hardes ſeulement, qui nulle part ne
doivent rien ; force étoit de nous laiſſer paſſer ; lorſ-
qu'un vieux Pendart, que je croi François, nous retint
malgré cela, & remarqua qu'un de nous tenoit en main
un Livre ; ce n'étoit qu'un Manuſcrit relié, qui ne con-
tenoit que des Chanſons ; le Coquin ſoutint que cela
ne faiſoit rien, que tout, juſqu'aux airs à boire, devoient des droits à l'Empereur, & il nous fit payer
cinq ſols.

Cette petite avanie nous arrêta quelques momens,
& nous n'en avions point à perdre ; nous étions partis
de Lille fort tard, le Soleil ſe couchoit, les portes
de Tournai ſe ferment à la nuit ; heureuſement nous
arrivames encore à temps.

Tournai appartient à l'Empereur ; mais comme c'eſt
une des Villes barrieres, les Hollandois, pour leur ſûreté, ne ſont pas fâchés d'y tenir garniſon. J'ai expliqué
à Maſtrecht de quelle maniere on y eſt reçu, c'eſt la
même choſe ici, & comme dans toutes les Villes gardées
par les troupes de cette Nation ; on ne porte nulle part
auſſi loin la défiance & les précautions ; dans cet eſprit
ils payent leurs troupes trois fois autant que nous payons
les nôtres, ils les habillent & les entretiennent bien ;
mais ils y maintiennent auſſi une diſcipline effrayante,
qui rend leur ſervice une vraie ſervitude, qui ne préſente aux yeux que des baſtonnades & des cachots,
qui

qui en un mot fait d'un Soldat en Hollande ce que nous appellons un Efclave dans Alger; l'Officier même s'en reffent, & le François n'a point l'idée de la dureté avec laquelle on les traite.

Voilà ce que c'eft que les préjugés, qui ne font nullepart les mêmes. L'état de l'homme de guerre eft honnoré en France, l'état du Commerçant ne l'eft pas; c'eft tout le contraire en Hollande; le Commerçant tient le haut bout, & gouverne; les gens de guerre ne font à fon égard que des hommes de fatigue, que des hommes de peine, entretenus & payés pour défendre un pays; comme une Maréchauffée pour garantir un chemin.

La rigoureufe difcipline des Troupes de Hollande ne s'étend pourtant pas jufqu'à y introduire la tempérance & la fobrieté; j'en ai jugé de même plus d'une fois, à Tournai fur-tout; nous y vimes à l'entrée de la Ville un gros homme venir à nous en qualité de Factionnaire, aidé d'un Sergent qui le foutenoit; c'étoit un Lieutenant: il voulut, fuivant l'ordre, nous interroger; mais l'indigeftion de fon dîner lui fupprimoit alors l'articulation, de maniere qu'il ne nous queftionna qu'avec des fignes de tête, dont le dernier enfin nous apprit qu'il étoit fatisfait, & que nous pouvions aller.

Nous traverfames cette grande Ville: tout y tombe, tout s'y détruit, & les habitans le méritent bien. Lorfque les François étoient chez eux, ils demandoient à Dieu qu'on les retirât; lorfque les Hollandois les remplacerent, ce peuple en fit des feux de joye; la canaille

S

danſoit dans les rues un ballay à la main, criant qu'il falloit nétoyer la Ville, effacer la trace du François, balayer juſqu'à la pouſſiere qu'il y avoit faite.

Les voilà aujourd'hui, ces habitans, dépouillés d'un Parlement qu'ils avoient, & qu'on a tranſporté à Douai; les voilà jouiſſans de la préſence des Hollandois, qui ne leur demandent rien, pas même les choſes utiles & néceſſaires, qui ſe paſſent de leurs Marchands, de leurs Ouvriers, qui font venir de chez eux ce qui leur faut, qui y envoyent juſqu'à leurs ſouliers à raccommoder. Ils en gémiſſent aujourd'hui; c'eſt leur affaire; j'y prens peu de part.

Nous fumes loger à l'Hôtel des Ambaſſadeurs; c'eſt un grand & beau Cabaret que l'on nomme ainſi, qui rappelle en dehors un reſte de grandeur paſſée, & ne préſente au-dedans que la miſere commune d'aujourd'hui. Il y a pourtant dans cette Ville une Abbaye de Bénédictins qui ne s'en reſſentent pas, c'eſt l'Abbaye de Saint Martin; nous y fumes le lendemain jour de Dimanche. L'Egliſe qui a été bâtie par Louis XIV, eſt grande, bien éclairée, d'une Architecture noble & ſimple; au-deſſus du Maître-Autel ſe leve un Soleil, dont le diſque eſt de bronze ſur-doré, & dont les rayons ſont d'or de ducats, qu'on eſtime plus de trente mille florins; aux côtés ſont des pieds-d'eſtaux, ſur leſquels on voit de grandes Statues en bois, bien faites & bien finies, que l'on expoſe à l'examen des Voyageurs & des Curieux, parce que ce ſont des modeles que les Religieux veulent faire traiter en marbre; un Benédictin

frais & vermeil nous menoit, & nous proposa de nous
faire voir une magnifique piece dans la Maison, c'étoit
le Réfectoire; je le remerciai, je m'en rapportai à ce
qu'il m'en dit, & me laissai persuader bien aisément
que ce Réfectoire étoit beau, commode, & que rien n'y
manquoit.

De-là nous montames pour aller voir la fameuse Citadelle qui commande la Ville; nous rraversames une
Esplanade qui en fait la séparation; le terrain nous en
parut très-grand, à pouvoir contenir vingt mille hommes en bataille fort à l'aise. Nous arrivames au premier
Pont; on nous mena d'une Sentinelle à l'autre, jusques
au corps de la Place; on nous y fit entrer dans une
espece de cachot, que je reconnus cependant pour un
Corps-de-garde, lorsque j'y vis des Officiers entrer &
sortir, & fumer. Nous étions-là comme à Maroc, parmi
des gens qui ne sçavoient quelle querelle nous faire,
ni quelle langue nous parler; l'Officier de garde d'ailleurs nous paroissoit au même état où nous avions
trouvé son camarade la veille au soir, quoique nous
ne fussions alors qu'au matin; quelques autres s'appro-
cherent, nous parlerent Hollandois, Frison; à tout ce
qu'ils disoient, des révérences, & point de réponse.

Un d'eux nous interrogea en Latin, ce n'étoit pas
du Cicéron, mais de ce Latin des Médecins du Malade
Imaginaire. Il nous demanda qui nous étions, & pour
quelle raison nous voulions voir l'intérieur de la Citadelle? Il recueillit nos noms & nos réponses par écrit,
il en dressa une espece de Procès-verbal; le Conseil se

tint dans le même Cachot, dont vous concevez la puanteur, quand elle ne feroit caufée que par la fuye du tabac qui s'eft attachée au mur & à la voûte depuis cinquante ans qu'on y fume.

Le réfultat du Confeil fut que nous ne verrions pas grand chofe, les Soûterrains point du tout, & c'étoit précifément ce qui nous amenoit, fur ce qu'on nous en avoit dit qu'ils étoient fpacieux, immenfes, capables de contenir un nombre de troupes à couvert de la bombe; bref nous n'y defcendimes point, & la raifon fut que M. le Commandant étant pour lors dans la Ville, perfonne en fon abfence ne pouvoit le permettre; nous l'attendimes une heure ou deux fur la place d'armes; nous fumes voir un Puits célebre qui eft au milieu, de trois ou quatre toifes de diamettre. Je voulus examiner fa profondeur; je remarquai en dedans que les Soûterrains dont je viens de parler, y venoient aboutir par plufieurs trouées, d'où l'on pouvoit puifer l'eau comme d'en-haut.

Pendant que nous nous promenions fur cette place d'armes, le long des Cazernes, toute la foldatefque nous regardoit, nous confidéroit; nous lui rendions bien, fans y prendre un grand plaifir. Ces gens-là étoient vêtus à merveille, mais d'un air bourgeois, fous lequel on ne les voyoit pas moins bas, mal-faits & mauffades. Ce ne font point là de ces Soldats François, que vous voyez par-tout, leftes, ingambes & gaillards, en farreau comme en habit neuf.

Le Commandant n'arrivoit point; midi fonna; nous

devions partir à deux heures ; nous fortimes de cette Citadelle, frappés de la grandeur & de la beauté de tout ce qu'on y remarque, d'ouvrages fur ouvrages ; les armes de la France font encore fur la porte, cela ne fe voit qu'avec douleur ; le François le plus philofophe ne peut penfer froidement qu'on ait employé trente millions à conftruire une Place imprenable, & pour y voir aujourd'hui des Hollandois logés.

Nous eumes le temps de parcourir encore la Ville, de nous promener le long de l'Efcaut qui la traverfe, où l'on voit un très-beau Quai planté comme un Cours, orné d'une baluftrade de fer, qui régne tout le long de la riviere.

C'eft fur ce Quai qu'autrefois les Membres du Parlement avoient bâti des belles maifons, qui font demeurées finies ou à finir, fans que perfonne les habite.

Nous fumes voir deux ou trois Eglifes peu remarquables ; il y a dans celle des Dominicains quelques tableaux, dont le goût & l'ordonnance, font pourtant dignes des curieux.

L'un repréfente un Religieux de cet Ordre, la plume à la main, prêt à écrire, penchant la tête, comme n'entendant pas affez diftinctement ce que le Saint-Efprit, fous la forme de la Colombe, lui dicte à l'oreille.

Dans un autre, c'eft le Ciel allumé, le Pere éternel prêt à lancer une pluye de feu fur le globe de la terre, Jefus à fa droite, qui intercéde, fa Croix à la main, le Saint-Efprit à fa gauche, qui d'un foufle, infpire à

S. François & à S. Dominique, de préserver le monde.
En effet, on les voit l'un & l'autre, non pas sur le globe,
mais à côté, interposés de maniere qu'ils semblent mettre
tout le globe à l'abri de la pluye qui le menace ; ce qui
figurément fait entendre que ces Saints, par leurs mé-
rites & leurs bonnes œuvres, ont souvent appaisé le
Ciel irrité contre les vices d'ici-bas.

Un autre, c'est l'extase d'une Religieuse, dans une
vision de la Trinité ; le Peintre a eu le génie d'en donner
une idée, en représentant une Croix de lumiere, où un
corps jeune est attaché, ayant la tête d'un Vieillard,
l'arbre & les bras de cette Croix, campannés de plu-
mes fines, ce qui fait presque voir derriere, les aîles,
le corps & la queue d'un pigeon.

Nous fumes dîner ; je trouvai dans la cour de l'Auberge des Marchandes de gants, de bas de fil, qui
n'avoient rien de bien fin, & qui demandoient à vendre très-cher ; toute la Flandre est le pays des fils de
chanvre & de lin ; c'est de-là qu'on envoye à l'Etranger : aussi trouve-t'on par toute la Flandre, le plus
beau linge de toute espece qu'on puisse voir, les plus
belles dentelles, & généralement les plus beaux ouvrages de fil ; mais ce n'est pas à Tournai que j'en
voudrois faire ma provision.

Nous partimes de cette triste Ville sur les trois heures. Notre premier projet avoit été de passer par Ou-
denarde, pour y voir ce Bois funeste qui nous a coûté
tant de sang : mais on nous prévint que nous y trou-
verions les chemins mauvais, parce qu'ils étoient mal

tenus, & que la pluye qui tomboit depuis deux jours, suffisoit pour les avoir gâtés. Nous primes la gauche, & fumes à Courtrai par un chemin aussi beau que celui de Tournai à Lille. Nous n'avions que quatre lieues à faire, nous les fimes en peu de temps, & nous arrivames encore de jour dans cette petite Ville, qui n'a plus que de vieilles fortifications qu'on laisse détruire, & qui n'est pas même gardée ; il y avoit alors un Régiment de Cavalerie de l'Empereur ; on nous dit le nom d'abord, je l'oubliai sur le champ.

Il y a un bon Cabaret à Courtray sur la Place ; mais des Barons Gantois y étoient arrivés avant nous ; il fallut se résoudre à loger dans un autre, vis-à-vis, sur la même Place, où nous tombames chez de bonnes gens ; mais mal.

Cette Place est assez grande, elle a même de la gayeté ; l'Hôtel de Ville s'y voit blanchi & rougi à neuf ; les rues n'en sont point mal percées ; on trouve là des assortimens de dentelles & de linge de toute espece, beaucoup mieux qu'à Tournay ; des damassés de toutes couleurs pour faire des tapisseries, beaucoup plus beaux, sans être plus chers, que les damas de Caux que nous connoissons : M. Cuvelier de Lille, qui nous accompagnoit, nous mena dans un beau Magasin, dont la maîtresse est une femme très-raisonnable, & de qui la fille, jeune mariée, porte la boucle à l'oreille, le bas blanc & le cotillon court ; j'y fis quelques emplettes.

Le lendemain Lundi 10 Septembre, nous primes la

route de Gand, & partimes matin, pour pouvoir y aller dîner; il y a sept lieues; nous nous arrêtames à la petite Ville de Deynse, nous y fimes rafraîchir nos chevaux; puis par un chemin, toujours fort beau & bien pavé, nous arrivames à Gand sur le midi.

Je fus surpris aux abords de cette grande Ville, de voir beaucoup de Villages de tous côtés, & pas une Guinguette, pas une maison de campagne à l'environ; je m'imaginai qu'elles étoient apparamment dans la Ville même, tant je m'attendois à la voir déserte & inhabitée; cependant, du côté de France, l'entrée de la Ville est belle; les premieres maisons ne sont pas hautes; mais la même rue, qui est large & longue, s'embellit à mesure qu'on fait chemin, & mene à une infinité d'autres, où l'on voit de beaux bâtimens.

Nous arrivames à une bonne Auberge, voisine du Befroy; on venoit d'y servir les soupers; c'étoit une table d'Hôte de vingt couverts; il y avoit là quelques Habitans de la Ville, & plusieurs Officiers des Troupes Impériales, qui me parurent bien nés & fort raisonnables.

Le dîner fini, nous montames au Befroy pour plonger sur la Ville, & pour la mieux voir; elle ne me parut point aussi grande qu'elle en a le renom, & le Calembour de Charles-Quint, s'il valoit quelque chose en son temps, ne vaudroit rien aujourd'hui; cependant, cette Ville nous parut grande, & de plus fort belle; elle n'a l'air ni désolée, ni afligée, il s'y fait un gros commerce de toilles & de dentelles, le Pays de

lui-

lui-même eſt abondant, toute la Nobleſſe des environs demeure-là ; on y voit les caroſſes rouler, & généralement les Habitans y bien manger & boire.

Je voulois y achetter, y voir du moins quelques dentelles ; je tombai dans un Magaſin où il y en avoit pour cent mille écus. C'eſt-là que Madame le Jay, fameuſe Marchande de Paris, fait ſes achats ; on n'y vend qu'en gros, & ce fut par pure complaiſance qu'on m'y accomoda de quelques pieces dont la beauté m'avoit frappé.

Au ſurplus, tous ces gens de Gand, m'ont paru ſimples, phlegmatiques & doux ; & à bon droit, la Ville de Gand ſe dit-elle la capitale du Pays Flamand.

Sur le ſoir, nous allames voir l'Abbaye Saint Pierre-lès-Gand ; ce ſont des Bénédictins non-réformés : l'Empereur nomme à cette Abbaye, & c'eſt toujours un Religieux. Ce qui fait, que Dom Choſe ſort de ſa Cellule, comme d'une trape un beau matin, & va prendre poſſeſſion dans le même Couvent, d'un appartement de Souverain, qu'il s'applique auſſi-tôt une Croix de diamans ſur la poitrine, qu'il ſe fait entretenir des équipages & des Domeſtiques de toute eſpece, qu'il jouit de dix mille écus pour ſes menus plaiſirs, ſur cinquante ou ſoixante mille dont jouit l'Abbaye, qu'il ſe fait nommer par les gens, Primat de Flandre, Prince de C, & enfin par ſes Religieux, Monſeigneur.

Celui qui, aujourd'hui, régne dans ce Monaſtere (car c'eſt regner) eſt fort au goût de tout le Pays ; nous fumes le voir ; il étoit alors environné d'un grand

T

nombre de perſonnes, qui avoient preſque toutes encore la Serviette à la main ; il étoit pourtant heure de Complies, mais elles avoient été dites avant Matines apparamment ; le Pere Prieur, Profès depuis cinquante ans, avoit fait un Jubilé ce jour-là, c'eſt-à-dire, renouvellé ſes vœux ; en conſéquence on avoit dîné à fond. Cependant ces Peres nous reçurent avec bonté, avec autant de complaiſance que s'ils euſſent encore été à jeun. M. l'Abbé nous fit paſſer dans une grande Salle ; on y apporta du vin de Champagne & du Rhin, & nous fumes obligés de demander graces de nous-mêmes ; il eſt vrai qu'en cela nous ſoulagions le Pere Prieur d'autant, & qu'il m'avoit paru faire le même ſigne avant nous.

Un deux, fort poli, nous mena voir l'Egliſe, qui eſt belle & claire ; du milieu de la Nef s'éleve un Dôme, qui l'embellit encore ; toute la menuiſerie des ſtalles ou ſiéges du Chœur, eſt ſculptée admirablement. On renferme dans cette Egliſe, avec ſoin, ſeize pieces de tapiſſerie auſquelles on donne 300 ans d'ancienneté, qui ſemblent toutes ſortantes de deſſus le métier, tant elles ſont bien conſervées, tant les couleurs en ſont encore vives ; elles repréſentent les travaux de Saint Pierre & de Saint Paul ; nous y remarquames quelques défauts, qui ne méritent pas que j'en faſſe mention.

Cette Abbaye ne contient aujourd'hui que trente-ſix Religieux, qui vivent tous en bonne intelligence ; la raiſon eſt que là comme par-tout, l'aiſance & la bonne chere rendent naturellement l'eſprit content &

le cœur gai, & qu'on renouvelleroit volontiers le vœu de vivre éternellement dans cet état.

Le lendemain Mardi 11 Septembre, nous devions partir par la Barque qui mene à Bruges dans un jour, & qui part trois fois la femaine, mais non pas bien matin. Nous eumes encore le temps de voir l'Eglife des Dominiquains ; on la vante fort en ce pays-là, à caufe que la voûte n'a pour fupport ni pilliers ni colonnes ; on s'étoit apparemment mocqué de nous ; c'eft une voûte de charpente revêtue & blanchie en dedans, que les murs de l'Eglife fupporteront tant que l'on voudra.

Le Réfectoire du Couvent me furprit davantage ; il eft bâti de pierre de taille ; la voûte de même, prefque écrafée comme un plafond ; un Religieux qui y déjeû-noit, me dit que c'étoit de la main d'un de leurs Freres fort célebre, dont il ne put trouver le nom ; mais dont nous vimes le portrait que l'on confervoit-là.

Il y a des Béguinages dans prefque toutes les Villes de Flandre, & je n'en ai encore rien dit ; il eft vrai qu'il n'y a pas des merveilles à en dire.

Un Béguinage eft un Cloître, qui comme une Char-treufe, renferme plufieurs Maifons à peu-près uniformes, dont quelques-unes ont des Jardins ; dans le même Cloître eft une Communauté Religieufe.

Toute fille ou femme qui fe fent appellée à l'état de Béguine, doit premierement entrer dans cette Com-munauté, y faire un Noviciat de trois ans ; pendant ce temps-là elles s'affocient deux, trois ou quatre, raf-femblent leur petit avoir, & font bâtir à frais communs dans ce Cloître, la Maiſon qu'elles veulent habiter, ou payent de leurs épargnes une Maiſon vacante & toute bâtie, dont elles deviennent Propriétaires à la fin du Noviciat.

Enſuite elles s'établiſſent dans ce Cloître, & y vivent dans le métier qu'elles ſçavent faire; c'eſt de la dentelle ordinairement, ou purement dans les bonnes œuvres, ſi elles peuvent ſe paſſer du métier, ou impurement dans les œuvres prophanes ſi le Démon réuſſit à les y faire ſuccomber; car elles ſont libres.

Si le dégoût de la retraite les prend, rien ne les gêne; elles vendent leurs maiſons à la Communauté ou à des Novices qui en cherchent, après quoi elles quittent l'habit Béguin, qui reſſemble aſſez aux uni-formes de nos Religieuſes de la Propagation; repren-nent les habits du monde, & y font ce que bon leur ſemble, ſans que perſonne trouve cela mauvais.

Les Voyageurs ordinairement vont voir ces Bégui-nages; parmi ces Voyageurs il s'eſt trouvé quelquefois des Jaſons & des Théſées, par conſéquent des Arianes ravies, mais qu'on n'a pas menées auſſi loin, gueres au-delà des Fauxbourgs de la Ville; quelquefois on y a vû des Héros d'une autre eſpece, s'affoler de ces Bé-guines, & les épouſer tout de bon; c'eſt cette derniere tradition qui reſte, & qui fait, à ce qu'on m'a aſſuré, que pluſieurs filles ſe tiennent-là, attendant qu'il plaiſe à la Providence de leur envoyer quelque honnête Paſſant, deſtiné peut-être à venir faire là ou ailleurs de ces mariages extraordinaires, qu'on dit être enregiſtrés par avance ſur les tables du Ciel.

Nous ne fçavions alors fi nous n'étions point de ces gens-là ; nous nous fentions entraînés vers ces cellules ; nous entrames dans une , deux Béguines y étoient, l'une, je n'en dis rien ; l'autre, jeune & fraîche, nous plut affez , le malheur fut qu'elle ne parloit que le Flamand , & nous que le François ; comment faire ? J'employai d'abord le langage des yeux , néant; je voulus d'un peu plus près ftipuler par des geftes , néant encore ; tout cela n'étoit que du François pour elle ; enfin elle nous mit à la porte , & fit bien.

Pendant toutes ces niaiferies , la Barque de Bruges nous attendoit ; car on n'eft point à Gand de cette dure exactitude que j'ai remarquée en Hollande , & en voici peut-être la raifon.

Cette Barque publique appartient à la Ville ; elle va fans s'arrêter jufqu'à Bruges , qui eft à huit lieues de-là ; toutes les fois qu'elle part , il y a , de fondation, un dîner très-bon, à contenter douze perfonnes, & ce dîner fe prépare dans la Barque même , qui eft fort grande ; les Paffagers payent pour ce repas un écu de France par tête, non compris le vin ; s'il ne fe trouvoit qu'un Paffager feul , pour fon écu il feroit en droit de dîner comme douze. C'eft la Ville qui fait tous ces frais, & comme il eft bon qu'elle les retrouve , on ne fe fait pas une affaire de partir une heure ou deux plus tard , lorfque cela fait arriver fept ou huit Etrangers tels que nous étions, qui fervent à remplir les couverts, & à payer le dîner.

Outre cette table , on en tient d'autres à de moindres

prix ; il y a dans la Barque plufieurs Chambres féparées , où l'on fe diſtribue fuivant la dépenfe que l'on veut faire. Je ne crois pas qu'en aucune route du monde on voye rien de plus commode & de plus fatisfaifant que cette maniere d'aller.

Nous partimes à dix heures du matin, fur un ma‑gnifique Canal ; il eſt large & profond , droit & ali‑gné , de maniere qu'à plus d'une lieue , fi on tourne la tête , l'œil le remonte encore jufqu'à la Ville.

Nous étions dans la grande chambre, bien affis, bien à notre aife , & les plus forts , parce qu'il n'y avoit de notre écot que trois Paffagers ; c'étoit des Habitans de Bruges, dont un étoit Chanoine de la Cathédrale.

Pendant trois ou quatre heures de chemin le Canal ne m'amufa gueres ; les bords en font trop élevés ; je montois fouvent fur le tillac , je n'y découvrois rien. On nous fervit le dîner , nous en fumes bien contens, de la bierre la meilleure du pays , du vin de Tours & de Bordeaux affez bon ; je ne veux point rappeller combien l'homme d'Eglife nous émerveilla ; je n'ai que trop fait l'étonné à l'égard de quelques autres ; cela auroit l'air d'une raillerie répétée ; il eſt vrai que le Cha‑noine buvoit les bouteilles fans les compter ; mais fi cela nous a paru extraordinaire, c'eſt notre faute, & nous avons tort.

Quand les climats différent , ils ne conſtituent point des tempéramens uniformes ; les Pays chauds font des gens fobres ; des gens à qui les jeûnes ne coûtent rien , auffi font ils venus de-là ; les Pays froids déter‑

minent des carnaffiers, des gloutons, des gens pour qui nos excès ne peuvent être qu'un régime de fanté ; les uns & les autres n'en font pas moins bons, pas moins dignes d'eftime, & quiconque fortira de fon Pays, & voyagera, s'en reviendra chez lui difant, comme je fais, que tout le monde a raifon.

Il s'étoit ci-devant introduit un plaifant ufage dans cette Barque ; le Patron alors faifoit les frais du dîner, & fourniffoit le vin pour fon compte ; la politeffe y avoit mis en droit les femmes & les filles, de ne point entrer dans la dépenfe du vin ; mais le Patron en avoit à vendre, & la journée qu'on paffe fur cette Barque lui donnoit le loifir d'en débiter ; que faifoit-il ? Il raffembloit des Demoifelles du Pays, de ces Demoifelles à toutes mains, qui prefque toujours les mêmes, alloient & venoient fur la Barque, faifoient durer le dîner jufqu'au foir, égayoient, excitoient & tenoient tête à tout. Quelques-uns trouvoient cela fort bon, & s'en louoient beaucoup, & tel, & tel des nôtres ne l'euffent pas, je crois, trouvé mauvais; mais des gens de méchante humeur s'en font plaints, & les Magiftrats de la ville de Gand, qui ne voyagent guéres ainfi, ont fupprimé cette efpece d'abus.

A deux lieues de Bruges, la Barque s'arrêta, fur ce qu'on nous dit qu'il y avoit-là deux fources d'eaux minérales; nous defcendimes, nous en goûtames ; elles font froides, très-fulphureufes ; il ne leur manque qu'un Propriétaire, qui penfionne quelque Médecin, pour leur donner le crédit de la plûpart des autres, & pour faire peut-être autant de bien ou de mal.

Le Canal alors paroît moins enterré; on découvre à droite & à gauche un beau pays, car cette Flandre est bonne par-tout. Nous arrivames sur les six heures du soir à Bruges; l'abord en est beau, l'entrée n'en est pas tout-à-fait de même; ce sont d'assez basses maisons, mais le cœur de la Ville est bien bâti; on y voit de grands édifices. Il y a dans cette Ville de la Noblesse, du Commerce, & assez de mouvement, c'est-à-dire, des Carosses, de belles Boutiques, & beaucoup de gens dans les rues.

On nous mena à l'Aigle Impériale, fort bon Cabaret; l'Hôtesse y étoit seule; elle envoya chercher son mari, & lui dire, qu'il y avoit grand monde; il répondit qu'il avoit affaire, que nous n'avions qu'à l'attendre, ou aller loger ailleurs.

Il vint peu après nous présenter de grandes excuses sur ce qu'il n'avoit pas soupçonné que nous fussions François, d'autant qu'il n'en passoit presque plus; qu'il avoit crû que c'étoit des Flamands, des Allemands qu'il n'aimoit point, & cela parce qu'il étoit bon François lui-même, natif de Montauban. Il ajouta qu'il n'étoit venu à Bruges que par hasard; mais que comme il avoit connu la Fille de cette Auberge qui étoit riche, il avoit pris sur lui d'y faire quelque séjour, pour avoir le temps de l'engrosser, comme il avoit fait, & de l'emmener, comme il comptoit faire, en Gascogne incessamment. Il nous donna le meilleur souper qui lui fut possible, & nous fumes très-contens de lui,

Le

Le lendemain Mercredi 12 Septembre , avant de partir pour Oſtende, notre Gaſcon nous promena dans un Caroſſe à lui, & qu'il menoit pour ſon plaiſir lui-même ; nous fumes voir l'Egliſe Cathédrale de Notre-Dame ; elle n'eſt pas belle ; tout ce que nous y trouvames à remarquer , c'eſt une Statue de la Vierge , qui la repré-ſente careſſant tendrement ſon fils, & Jeſus ſur pied , lui ferrant les mains avec beaucoup d'expreſſion. Elle a le viſage d'une beauté triſte , elle eſt pleine de caractere ; c'eſt un morceau de Michel-Ange, & digne de lui.

Il y a un autre Chapitre ; c'eſt celui de Saint Dona-tien, l'Egliſe n'en eſt pas belle ; on y fait voir les tom-beaux de Charles le Hardy, dernier Duc de Bourgogne, & de Marie ſa fille ; ils ſont de cuivre, la dorure s'en conſerve encore , & on en fait grand cas.

Là eſt une Tribune qui exiſte malgré les Chanoines, & qui rappellera encore long-temps l'attentat de leurs Devanciers.

En l'année 1127, ſous le regne de Charles, Comte de Flandre, dit le Bon , il y eut une cherté de bleds ; les Chanoines de ce temps-là , riches comme ils ſont encore aujourd'hui, en avoient des Magaſins, dont la Ville épuiſée ne pouvoit ſe paſſer ; ils les mirent à ſi haut prix, que le peuple n'y pouvoit atteindre , & qu'une famine s'enſuivit. Charles y voulut mettre ordre ; il les força d'ouvrir leurs Magaſins, & de ſoulager le pays ; les Chanoines en devinrent furieux, & un jour que Charles aſſiſtoit à la Meſſe dans cette même Tribune,

V

suivant son usage, quelques-uns d'eux l'affassinerent &
le précipiterent du haut en bas. Louis le Gros, Roi de
France, qui régnoit alors, justement indigné d'un attentat qui intéressoit tous les Souverains , fit arrêter
ces Monstres, les fit enfermer dans une Tour , d'où
ils furent étranglés & précipités dans la Place publique,
pour être abandonnés à la vengeance du peuple.

Cette Tour existe de même, & on y voit les figures
en pierre, qui représentent encore les Criminels & leurs
Boureaux.

De-là nous traversames une très-grande Place où se
tient le Marché; on y voit une Tour isolée très-haute
& bien bâtie; c'est le Befroy, dont le Carillon est tout
aussi importun que les plus considérables d'Hollande.

Notre Gascon nous fit ensuite voir l'Hôpital, où l'on
conserve avec grand soin des Tableaux sur bois de
toute ancienneté , & qu'on met au-dessus des prix ;
l'un représente la Décolation de Saint Jean-Baptiste ;
l'autre toutes les Visions de l'Apocalypse ; c'est-à-dire,
que ce dernier contient vingt sujets tous ensemble; le
coloris des figures dans l'un & dans l'autre est de la
plus grande beauté : de perspective il n'y en a point.

Cette Ville qui étoit autrefois le séjour des Comtes
de Flandre, conserve encore l'idée de son ancienne
splendeur, & se gouverne très-bien aujourd'hui par ce
qu'on y appelle le Franc-Conseil; le Palais de ces Ma-
gistrats en impose au dehors ; j'avois envie de voir le
dedans; mais le temps nous manquoit , nous devions
aller dîner à Ostende ce jour-là.

Le Canal sur lequel on va de Gand à Bruges, communique à un autre qui va à Ostende ; celui-ci étoit anciennement étroit & peu profond ; mais lors de la création de la Compagnie d'Ostende, on y employa par prédilection plus de quatre mille Déserteurs François. On n'y épargna ni peines, ni dépenses, ni activité ; tout ce qu'on se promettoit du Commerce d'Ostende, engagea à métamorphoser ce petit Canal en un autre de trente-deux toises de largeur, & de vingt-deux pieds de profondeur, pour mettre en état les plus gros Bâtimens, venant du Port d'Ostende, d'entrer par ce Canal jusques dans l'intérieur du pays. Ce Canal existe encore dans toute sa beauté, & il n'attend, aussi-bien que le Port d'Ostende, que de voir changer la face des choses pour remplir parfaitement tout l'objet qu'on a eu.

Le vent étoit contraire, & le temps pluvieux ; il y avoit quatre grandes lieux à faire ; nous ne primes point la voye du Canal, nous nous accommodames d'une Berline à huit que nous loua le Gascon pour dix écus ; nous arrivames à Ostende en trois heures. Cependant quand on prend les Voitures de terre, on n'en jouit pas moins des agrémens du Canal ; on le côtoye dans la route qu'on fait.

Tout le pays qu'on traverse est plat comme terre de Hollande ; on suit le Canal qui est à la droite ; on découvre à gauche de très-belles Prairies, arrosées par plusieurs petits ruisseaux que ce Canal fournit, & par lesquels il se purge autant qu'on le veut.

Avant d'arriver à Oſtende, on entre dans un Village que le Canal partage ; il y a dans ce Village un détachement de Troupes Impériales pour la garde de l'Ecluſe.

Cette Ecluſe eſt triple ; on en ouvre les portes par des Cabeſtans, pour l'évacuation des eaux ; on les ferme de même pour préſerver le Canal de l'immerſion des grandes Marées ; le Canal, le chemin, la terre, tout finit à ce Village, c'eſt la Mer. On deſcend du Quai par un grand eſcalier fort roide juſqu'au bord de l'eau ; on trouve des Chaloupes toutes prêtes, on ſe met dedans, on a un quart de lieue de Mer à paſſer pour arriver à la Ville.

Cela n'ennuye point ; on eſt dans le Port même, & on le conſidere avec plaiſir ; ce ſont à droite & à gauche des jettées qui partent de l'Ecluſe comme du cul-de-ſac, qui s'avancent dans la Mer à plus de deux mille pas. Ces jettées encaiſſent les Marées montantes, reçoivent ces Marées dans leurs ſinuoſités, les conduiſent & leur donnent la direction qu'il faut pour former juſqu'à l'Ecluſe dont je viens de parler, un large Canal, c'eſt-à-dire, un bon Port, qui dans cet état eſt à couvert des gros temps, par la Ville qui le met à l'abri du Nord, & d'autres côtés par des Dunes fort élevées.

Nous traverſames ce petit bras de Mer dans une frêle Chaloupe, fort gayement, & de gros Marſouins s'y promenoient tout de même ; le temps étoit net & frais, le Soleil lumineux, cela leur plaiſoit, on les voyoit bondir & s'élever trois pieds par-deſſus l'eau, gambader comme des poliſſons.

Nous vimes-là trois Vaiſſeaux de cinquante canons, revenus des Indes depuis quelques années, qui ne demanderoient qu'à y retourner. On en équipoit deux autres du même Port tout à neuf; ceux-là ſont deſtinés à y aller dans quelques mois, & cela a été convenu, non pour y faire des trocs ou des achapts, mais au contraire pour en retirer tous les effets appartenans à la Compagnie, & qu'elle y avoit envoyés comme néceſſaires à l'établiſſement de ſes Comptoirs; j'en approuve le prétexte, car je ne ſoupçonne pas que ce ſoit la raiſon.

Nous entrames dans la Ville ſur le midi; elle ſe préſente bien, elle eſt percée à merveille; au milieu eſt une grande Place d'où on la voit preſque entiere.

Cette Ville a eu un beau ſonge, il eſt fini; les Commerçans ſont allés demeurer ailleurs. On n'y voit plus que de petites Boutiques mal achalandées, qui ne renferment rien de curieux, rien qui faſſe juger qu'elle ait eu des relations avec le Mogol.

Nous y dînames chez de bonnes gens, qui ne demandoient pas mieux que de nous garder dans leur Auberge; mais comme après le dîner nous eumes le temps d'entrer dans l'Hôtel de Ville, qui eſt tout démeublé, de monter au Befroy qui y tient, de voir de-là toute la Ville, le Port, la Mer & les environs, le deſir nous prit de paſſer outre; & en effet, ſur les trois heures après-midi, nous primes pour une guinée une Berline de louage, la ſeule qui ſoit dans la Ville, & fumes coucher à Nieuport, à quatre lieues de-là.

D'Oſtende à Nieuport, comme de Nieuport à Dunkerque, ce ne ſont plus des routes à faire ſur des Canaux, ni ſur des chemins bien ou mal entretenus; on prend le temps pour y aller que la Mer ſe retire, puis on roule ſur la plage tout au bord de l'eau, aſſez près même pour qu'elle lave les pieds des chevaux, parce que plus le ſable eſt humecté, plus il a, pour qui ne fait que poſer deſſus, de conſiſtance & d'appui. C'eſt ainſi que l'on roule d'une douceur ſans égale à la gauche de cet Océan ; qu'on y voit toutes ſortes de Navires diſperſés qui ſe ſuivent & ſe croiſent dans des routes oppoſées, quoique chaſſés d'un même vent ; c'eſt-là qu'un Poëte les appelle les fiers Tyrans des Ondes; mais c'eſt-là que tout le monde les voit, ſervant aux Ondes de jouet & de badinage, & béniſſant toujours le Ciel quand ils en ſont quittes à ce prix.

Tout ce ſpectacle nous occupa & nous fit arriver à Nieuport ſans avoir pris garde au temps qui s'étoit écoulé.

Nieuport eſt une Ville pauvre & triſte. Un Régiment d'Infanterie de l'Empereur y étoit en garniſon, & ſembloit y faire un aſſortiment; il s'y trouve un aſſez bon Cabaret, mais les planchers y ſont comme dans toute la Flandre & la Hollande, de ſimples ais ſur des ſolives, & j'en reſſentis-là mieux que nulle-part l'incommodité.

Je couchois au rez-de-chauſſée. Il arriva trois jeunes Freres Jéſuites, de vrais enfans, qui s'en alloient comme Novices, en quête apparamment; on les logea ſur ma tête ; je paſſai toute la nuit les yeux ouverts, & les oreilles attentives malgré moi, ſans comprendre d'où venoit tout le bruit que je leur entendois faire, ſans pouvoir diſtinguer, ſi c'étoit des Prieres qu'ils diſoient, ou des Chanſons ; ſans pouvoir démêler, ſi c'étoit la diſcipline qu'ils s'entre-donnoient, ou bien le fouet : de ma vie je n'ai fait de ſi mauvais ſang. Comme je n'attendois que le jour pour ſortir de cet état, je fus levé de bon matin, mes Compagnons de même ; nous fîmes le tour de la Ville ſur des eſpeces de remparts, qui ne ſont redoutables que par toute l'ordure qui les couvre. Nous fumes au port, qui n'eſt autre choſe que le foſſé même de la Ville ; nous y vimes pourtant des Bâtiments de quatre-vingt à cent tonneaux, qui y apportent du Sel de Bretagne, ou des Morues, non pas du grand banc, mais d'un autre qui ſe trouve dans la Mer du Nord, à deux cens lieues de-là ; elles y ſont même communes, mais plus petites, moins graſſes & moins bonnes.

Il arriva un Batteau Pêcheur, qui entr'autres Poiſſons, apporta un Eſturgeon médiocre, & qu'on ne laiſſa pas de vendre à Nieuport même, dix-huit francs ; cela me parut cher.

On peut aller d'Oſtende à Nieuport en canal, & de même de Nieuport à Dunkerque ; ces voitures ſont à bon marché, mais elles ſont là plus lentes qu'ailleurs, & on ne peut aller de Nieuport à Dunkerque ainſi, ſans paſſer par Furnes, où ſe trouvent des Commis de l'Empereur fort inquiétans.

Nous reprimes fagement nos Berlines & Leftran, c'eft-à-dire la Plage, fur laquelle nous roulames jufqu'à Dunkerque, comme nous avions fait le jour précédent; & cette maniere d'aller nous amufa toujours de même, un peu fâché pourtant que la Mer fût fi tranquille alors, parce qu'elle n'eft jamais plus belle que dans fon agitation.

Ce qui m'étonna, ce fut de voir combien les bords de la Mer, fur cette côte, font ftériles en coquillages; nous n'en vimes pas un digne d'être ramaffé; on n'y découvre au reflus, qu'un grand nombre de potirons bleus difperfés, que la Mer, en fe retirant, femble avoir laiffés là comme une ordure; cependant ces potirons avoient tous la même forme; nous les examinames de plus près, & nous convinmes, que ce devoit être une efpece d'animal. Il eft gros & rond comme une groffe brioche; la peau qui le couvre eft fort tendre, le dedans eft cartilagineux; on ne diftingue point fon eftomach comme à l'huître; il paroît être tout en ventre & en boyaux; l'huître à l'écaille & la moulle, font de jolies créatures en comparaifon.

De cette Plage en arrivant à Dunkerque, on voit encore les triftes démolitions de ces Forts avancés, qui battoient la Mer, & en impofoient aux voifins; il n'a pas été poffible de les détruire tout-à-fait; le ciment y fait corps avec la pierre, & la pierre en eft fi dure, que les Anglois même y ont renoncé.

Pour arriver dans la Ville, on quitte les bords de la Mer; on paffe fur une longue chauffée, c'eft le Port;

la Mer alors étoit baſſe ; les Vaiſſeaux y étoient à ſec.

Ce que j'ai dit du Port d'Oſtende, reſſemble aſſez à ce qu'on peut dire de celui-ci ; ce ſont des jettées tout de même, fort avancées dans les ſables, qui encaiſſent les marées & les amenent en forme de canal ſous les Quais de la Ville, & juſques dans l'intérieur du Parc & de l'Arcenal, qui eſt au bout, où la hauteur du terrein les arrête, comme dans un cul-de-ſac.

Ce Port a fait le ſujet de bien des conteſtations aſſez intéreſſantes, pour devoir juger que chacun en eſt inſtruit ; ce qu'on y admire, c'eſt la Providence, qui malgré tout ce que la France a laiſſé faire aux Anglois, le conſerve encore aujourd'hui ; l'hiſtoire du fameux batardeau en eſt une preuve. Les Ingénieurs Anglois, qui l'avoient fait faire, avoient compté de combler ce Port éternellement ; mais un coup de Mer qui vint il y a quelques années, culbuta tout leur ouvrage, & entraîna & charia tous les matériaux de leur édifice, comme un ſable mouvant.

Ce n'eſt pas tout ; la moitié du Canal de Furnes eſt à nous ; c'eſt-à-dire depuis Zucotte, où eſt un batardeau qui le ſépare juſqu'à Dunkerque, où les eaux tombent dans le Chenal du Port ; & il a bien fallu trouver cet écoulement, autrement le Canal auroit inondé le Pays ; mais les Habitans de Dunkerque, qui prennent garde à leurs affaires, en ont porté l'utilité plus loin.

J'ai dit que ce Canal vient ſe jetter dans le Chenal du Port ; mais ce n'eſt que quand on veut, parce qu'à la chûte des eaux, il y a une Ecluse de vingt-quatre toises de longueur, & de dix pieds d'ouverture ; que dans cette Ecluse il y a deux Vannes, qui se levent & se baissent par des coulisses, suivant le besoin.

Lorsque la Marée monte, les Dunkerquois levent les Vannes, & la laissent entrer dans ce Canal ; dès que la Marée commence à descendre, on les baisse ; alors tout est fermé, rien n'en sort, & le Port devient presqu'à sec quelques heures après.

C'est dans ce temps-là qu'on leve les Vannes, pour laisser écouler l'eau de la Marée qui a remonté dans le Canal, & que les Vannes retenoient ; & comme le radier de l'Ecluse est de dix pied plus haut que la basse-Mer, ces eaux renfermées, tombent impétueusement, forment un courant qui va se jetter dans la Mer, & qui, chemin faisant, creuse & nétoye le Chenal du Port, & entraîne tout avec lui.

C'est ainsi que, sans faire semblant de rien, les gens de Dunkerque répondent aux decrets du destin, qui veulent, je crois, que le Port existe, tout au moins comme je l'ai vu ; c'est-à-dire, en état de leur faire continuer le commerce qu'ils ont toujours fait, de recevoir ou d'envoyer des Bâtimens de trois & quatre cens tonneaux : & assurément, ils le méritent bien ; c'est le Pays des Mariniers : le célébre Jean Bart étoit de-là ; il y en a eu cent autres, dont les actions devroient passer à nos neveux. Ces hommes-là ont laissé des enfans qui ne demandent qu'à leur survivre ; & ce qui est arrivé en dernier lieu, à quelques-uns de ceux-ci, ne reſſemble en vérité pas mal aux autres.

Un Vaiſſeau de Dunkerque fut l'année derniere à la traite des Négres, avec ſoixante hommes d'équipage ; il en acheta cent cinquante à la Côte de Guinée ; preſ- que tout l'équipage, dans la traverſée, ſe trouva em- poiſonné, je ne ſçais par quel accident ; il n'en reſta que cinq. Comment comprendre que cinq hommes reſtans, ayent eu le courage & l'habileté de ſe main- tenir, non-ſeulement, les maîtres de cent cinquante Né- gres, mais encore de tirer d'eux du ſecours ; & il le fal- loit bien ; cinq hommes ne ſuffiſoient pas à la manœu- vre ; tout cela ſe fit ; les Négres furent amenés d'Afri- que en Amérique à bon port, & nos cinq hommes les y vendirent très-bien.

Ces mêmes hommes ſont revenus à Dunkerque, & ſont tous prêts à en faire autant.

La bonne Auberge de Dunkerque eſt à l'enſeigne de la Conciergerie ; mais nous n'eumes pas le temps d'y mettre pied à terre ; M. d'Arlui, Receveur des Fer- mes du Roi, & de l'Amirauté, nous logea tous ou chez lui, ou chez ſes amis, dans le voiſinage. Comme nous nous deſtinions à reſter quelques jours, je le fis conſentir à me laiſſer, pendant ce temps-là, le maître de ſa maiſon ; en effet, j'y tins mon ménage, & com- me M. d'Arlui, & Madame ſa fille, femme de M. de Sejean, Commiſſaire des Guerres & Ingénieur de la Place, étoient liés avec toute la Ville, je n'eus pas de grands ſoins à me donner pour raſſembler quinze ou vingt perſonnes tous les jours ; cela arrivoit fort régu- liérement,   X ij

Le Marquis d'Alembon eft Lieutenant de Roi de cette Ville ; nous en reçûmes mille politeffes, que je me fuis bien promis de lui rendre fi je le revois à Paris, à lui comme à plufieurs autres perfonnes que ce Voyage m'a fait connoître, & dont je ne puis trop me louer.

On ne fe trouve point fur le bord de la Mer, qu'on ne fouhaite de la voir en courroux ; on ne va pas plus loin ; on ne fonge gueres que ce plaifir-là peut vraifemblablement faire le malheur de quelqu'autre. J'étois un jour fur le Port, fort aife de voir un gros temps. Cette réflexion me vint lorfqu'on me fit appercevoir un affez grand Vaiffeau qui étoit parti du Port pour les Ifles depuis plufieurs jours, & qui demeuroit à une lieue de-là, arrêté à la rade, à confommer fes provifions, en attendant qu'il plût aux vents de changer.

La rade de Dunkerque eft bonne, quoiqu'elle paroiffe pleine mer ; elle eft entourée de bancs de fable, du côté du Nord fur-tout, qui la garantiffent des lames ; en effet ce vaiffeau étoit-là, & n'avoit gueres que l'air de s'y ennuyer.

Je fus voir le Canal de Mardick ; il eft de la même profondeur & beauté que celui de Bruges à Oftende qui m'a tant plû.

Lorfqu'on entreprit de le conftruire, la raifon fpécieufe fut que toutes les eaux qui abondent dans ce plat-pays avoient befoin d'écoulement ; effectivement ce fut de plufieurs petits Canaux que ce grand Canal fut fait. Il commence à la baffe-ville de Dunkerque, j'entends derriere la Ville même ; il a une demie-lieue

de longueur, & va droit fe communiquer à la Mer ;
il y avoit au bout de ce Canal une magnifique Eclufe,
au travers de laquelle auroit paffé fort à l'aife un Vaiffeau de quatre-vingt canons , & feroit venu fur ce
Canal jufqu'à la porte des Maifons de la baffe-ville.
On fe feroit bien dédommagé par-là du comblement
du Port ; mais l'Angleterre a tant fait qu'on a confenti
à boucher cette Eclufe, & qu'on s'eft réduit à en faire
une autre à la place , qui n'a plus d'ouverture que
pour l'écoulement effectif des eaux , qui ne fert aujourd'hui qu'aux Pêcheurs, pour y entrer avec leurs Ba-
landres & leurs Bâtimens de quarante à cinquante
tonneaux. Il n'y a rien de plaifant à tout cela , tout
ce qu'on voit à Dunkerque eft vraiment mortifiant
pour un François ; je ne veux pas même me rappeller
la défolation du Parc & de l'Arfenal.

La Ville de Dunkerque a un air de nouveauté ;
elle eft bien ouverte , bien percée ; on y voit de jolies
maifons ; il s'y trouve peu d'Edifices , peu de Monumens ; nous fumes dans je ne fçai quelle Eglife ; on
y garde un grand Tableau de Pourbus, Peintre du quin-
zieme fiecle ; ce Tableau repréfente Saint Georges dé-
capité , environné d'Idolâtres , fes Juges & fes Bourreaux ; l'ordonnance, l'expreffion, le coloris , tout en eft
d'une beauté parfaite ; dans un coin du Tableau eft la
figure d'un Homme laid , peint dans un fentiment
d'indignation. On m'apprit que le Peintre s'étoit ré-
fervé ce fentiment à lui-même , & que cette figure étoit
fon portrait.

Au fortir de-là, je fus voir une belle Raffinerie de fucre ; j'en conterai l'opération à la fin du Journal, cela ne mérite pas d'interrompre ici ma promenade.

La Ville de Bergues-Saint-Vinox eft à deux lieues de Dunkerque ; fi nous y étions arrivés plûtôt, nous nous ferions rendus pour y affifter à la fête du Saint, d'autant que tout le pays s'y raffemble ce jour-là. Plufieurs qui en étoient revenus me conterent que la premiere cérémonie eft de porter en Proceffion la Châffe de Saint Vinox jufques à un quart de lieue de la Ville, que là eft une efpece d'Etang, qu'on y pofe la Châffe, qui par miracle furnâge, & toujours occupe la furface de l'eau ; qu'alors jeunes gens des deux fexes & de tous âges, incommodés, ou qui craignent de l'être, font mis à nud & fe baignent dans l'Etang tout le temps que la Châffe y demeure, & jufqu'à ce que les Miracles operent fur ceux qui font dans le cas de les attendre ; que fix Peres Auguftins font-là, qui non-feulement accordent les permiffions néceffaires pour fe baigner dans l'Etang ; mais encore qui ont la bonté & l'humilité de déshabiller eux-mêmes les jeunes gens qui les en prient, perfuadés que leur bain en devient plus efficace ; que de cette maniere & tout le jour les Révérends Peres prennent la peine de défaire les chauffes, les culottes, ou les cotillons à tout ce qui fe préfente de filles ou de garçons pour les mettre à nud. J'étois informé que ce même ufage fe pratiquoit dans l'Inde par les Guebres, qu'ils fe baignoient une fois l'an dans les eaux du Gange avec de femblables cérémonies, &

pour la même fin ; nos Voyageurs nous le certifient comme s'ils doutoient qu'on pût y ajouter foi. J'admire qu'ils croyent en cela nous compter des merveilles, & qu'ils ignorent que cela se passe tout de même chez nous.

Enfin bien satisfait du dedans de la Ville de Dunkerque & de ses habitans, dont j'avois été fort accueillis, nous partimes le Vendredi 21 Septembre au matin, nous reprimes le train de la poste dans nos Chaises, il y avoit sept lieues à faire pour arriver à Calais, & comme nous étions dans l'habitude de faire peu de chemin chaque jour, nous fumes à quatre lieues de-là, à Gravelines, dîner.

C'est une pauvre & misérable ville au coup d'œil ; elle est près de la Mer, sans en tirer de profit ; il n'y arrive que de méchantes Belandres, de chétives Barques de Pêcheurs. Cependant cette Ville autrefois a eu un très-beau Port, qui apparemment, faute de soin, s'est comblé ; du haut du Rempart de la Ville, lorsque la Mer est retirée, on le dessineroit, ce Port, encore tel qu'il étoit, & l'on m'a dit même en passant que le Gouvernement, informé du fait, avoit résolu de le rétablir ; à la bonne heure, mais que mes amis de Dunkerque n'en souffrent point.

Quoique l'on côtoye la mer de Dunkerque & de Gravelines à Calais, on n'en voit gueres les rivages ; il y regne des Montagnes de Sable dont on ne peut approcher ; on se jette sur la gauche dans des Sables, où l'on a de la peine à rouler.

Sur ces Dunes & aux environs, par-toût fur le chemin, on voit des troupeaux de Lapins, qui paroiffent-là fort libres , & tout-à-fait dégagés des préjugés de leur état. Ils font fuyards & timides dans nos Garennes, tout jufqu'au mouvement des feuilles leur fait peur, le moindre bruit les fait courir & fe précipiter dans leurs trous; là c'eft le contraire, ils font curieux & badins; ils mettent le nez dehors quand quelqu'un paffe , ils viennent voir qui eft là , puis comme de petits gueux, fortent & font devant vous toutes fortes de bonds , de caracols & de petits tours.

Nous arrivames à Calais fur les cinq heures du foir; nous fumes loger chez M. Parthon. On nous y reçut comme des Dieux d'Opéra , avec une fymphonie à grand chœur , c'étoit du Vivaldi ; j'en louai le Ciel, je n'avois point entendu de Mufique depuis mon depart de Paris, j'en avois une vraie faim ; je dirois volontiers que je dévorai là trois ou quatre Sonnates qui me rétablirent la tête, comme un bon confommé peut remettre un eftomach.

La Ville de Calais eft jolie, elle eft fortifiée; on y voit cette fameufe Coulevrine de Nancy. Le Port en eft propre & net, ce font des jettées, comme aux autres Ports d'ont j'ai parlé; une s'avance à plus de deux mille pas dans la Mer , & fe termine à la hauteur d'un petit Fort qui eft à côté, bâti fur pilotis, où il y a un Corps de Garde & du canon.

Lorfque le Ciel eft ferain, on voit de Calais la Côte de Douvres, qui n'en paroît pas à deux lieues, quoi-

qu'il

qu'il y en ait fept. On va , on vient de l'un de ces Ports à l'autre, comme on paffe à Paris le petit batteau ; tous les jours il arrive & part des Pacquebots. Ces Pacquebots font montés par des Matelots Anglois; ce font les Habitans de trois Villages voifins de Douvres qui s'en font acquis le privilége exclufif. La tradition dit qu'un Corfaire fameux inquiétoit autrefois la Côte, que quelques Mariniers de ces trois Villages furent, de leur propre mouvement, en affez petit nombre l'attaquer, qu'ils s'en rendirent les maîtres, & l'amenerent au Port. Qu'en reconnoiffance de cette action, ils obtinrent pour eux & leurs enfans, le privilége dont ils jouiffent , qui non-feulement les autorife à monter les Pacquebots, mais encore leur accorde des exemptions de droits fur toutes les marchandifes permifes qu'ils apportent.

On pêcha, pendant que nous étions à Calais , un chien marin fur la Côte ; on nous l'apporta dans un grand baquet, tout vivant & bien portant ; je l'aurois pris pour le frere aîné de celui qu'on a montré à Paris l'hyver dernier ; on l'ôta de ce baquet ; il fe trouvoit à terre fort bien ; il y rampoit très-vîte à l'aide de fes nageoires ; il venoit demander à manger , & ne paroiffoit point éloigné de s'affocier avec notre efpece, & de vivre avec nous.

Calais fut le terme de nos Voyages ; ce fera du moins celui de ma Relation. Mes Compagnons fe difperferent; mon frere voulut aller voir l'Angleterre : comme je n'étois pas libre d'en faire autant, je partis de Calais avec

Y

M. Des Roziers feulement, & n'eus plus d'autre envie que d'aller vîte, fans prefque m'arrêter nulle-part.

Je fus coucher de Calais à Boulogne, où en l'abfence de M. l'Evêque, je fus mal gîté, où je ne vis qu'une Ville haute & baffe, avec un mauvais Port. Le lendemain je fus dîner à Montreuil, qui ne vaut pas mieux ; de-là, coucher à Abbeville ; j'y reftai un jour pour voir la Manufacture des Draps, & me rendre compte à moi-même de toute cette opération, dont ce Journal n'a que faire, & qu'il fuffira de mettre à la fin.

D'Abbeville je fus à Amiens, où j'aurois trouvé à m'amufer fi j'y avois été difpofé d'ailleurs ; d'Amiens à Peronne, ville fubmergée dans les Marais, féjour des fiévres, où dans l'Automne on ne voit que des Spectres comme aux abords de l'Enfer. De Peronne à Saint-Quentin, Ville riche & commerçante en toilles, en batiftes ; mais où la pâleur des maladies ne regne pas moins.

Enfin le Jeudi 11 Octobre au Château de Mouy, appartenant à la famille de M. Croizat, qui en eft à trois lieues. C'eft-là que pour un témps je regardai toutes mes courfes comme finies ; c'eft-là que je me trouvai bien reçu, bien traité, le cœur & l'efprit à l'aife de tout point ; que je crus être non-feulement en France, mais, dans le cœur de Paris, dans le féjour des Sciences, des beaux Arts, des Talens & des Goûts de toutes ces chofes aimables, que Paris, tout grand qu'il eft, renferme à peine, qu'on y voit du moins fi difperfées, fi mêlées, fi difficiles à rencontrer, & qui fe trouvent au

Château de Mouy raſſemblées dans un point, dans un ſeul petit cercle de famille aſſez connue en France, & aſſez célebre, pour qu'il ne ſoit pas beſoin de la nommer.

F I N.

Le Chateau de Mouy etoit occupé par M. Crozat et ſa famille

www.ingramcontent.com/pod-product-compliance
Ingram Content Group UK Ltd.
Pitfield, Milton Keynes, MK11 3LW, UK
UKHW021633170726
13836UKWH00005B/2181